MI GATO

Una guía práctica para el cuidado de su gato

La autora

Angela Gair

Angela Gair es una experimentada escritora y editora independiente; y escribió sobre diversos temas, incluyendo pintura y dibujo, jardinería y decoración. Durante toda su vida quiso a los gatos y es autora de *Caring for Your Cat* publicado por Harper Collins en sociedad con Cats Protection. Vive en Londres con los tres gatos que rescató, Charlie, William y Mischa.

AGRADECIMIENTOS

Los editores desean agradecer por su amable asistencia en la producción de este libro a:
Fiona y Lee Adams, Clare Archer, Clare Bridges, Lisa Cameron, Sue Clarke, Rolf Clayton, Karen Cleyer, Gillian Crossley-Holland, Lindsey Dorrill, Lisa Feacey, Carole Florey, Deborah Love, Karen Lynn, Jill Macdonald, Loiuse Malone, Mrs. Miller, Wendy Raphael, Rebecca Reeve, Carol Reynolds, Marion Rutheford, Peggy Schoebert, Tracy Stewart y Vivianne Turner.
Nuestro agradecimiento también a David Taylor BVMS, FRCVS, FZS, por revisar la sección Salud.

DEDICATORIA
Este libro está dedicado a la memoria de Mouse, el mejor gatito gris del mundo.

MI GATO

ANGELA GAIR

Título original: *Family Pets - Cats*
Publicado por primera vez por Collins en el
año 2000, por HarperCollinsPublishers
77-85 Fulham Palace Road -
Hammersmith - London W6 8JB
© Harper Collins Publisher Ltd 2000

Angela Gair hace valer su derecho moral a
ser reconocida como la autora de este
trabajo.

Edición: Heather Thomas
Diseño y producción: Rolando Ugolini
Fotografía: Charlie Colmer: páginas 1, 3, 4,
5, 6, 10, 11, 12, 13, 14, 15, 16, 17, 18, 19
(arr.), 22, 25, 26, 27, 28, 29, 30, 32, 33,
34, 35, 40, 41, 45, 46, 47, 48, 51, 52, 53,
54, 55, 56 (arr.), 57 (arr.), 60, 63, 64 (izq.),
65, 69, 73, 76, 83, 85 (ab.), 89, 91, 97,
105, 108, 121, 122; David Dalton: páginas
56 (ab.), 58 (ab.), 61, 62, 64 (der.), 66, 75,
79, 85 (arr.), 86 (arr.), 87, 112, 115; Bruce
Tanner: páginas 13 (ab. der.), 19 (arr.), 31,
37, 38, 39, 42, 44, 49, 57 (ab.), 58 (arr.),
59, 71, 81, 86 (ab.), 99, 111; Richard
Palmer: páginas 8, 82, 90, 101

Para esta edición
Coordinación: Jorge Deverill
Traduccción: Graciela M. Jáuregui Lorda
Corrección: Cecilia Repetti y Diana Macedo
Diagramación: Tomás Deverill

MI GATO
1ª edición - 5.000 ejemplares
Impreso por Latín Grafica SRL
Rocamora 4161 - Buenos Aires
Febrero 2006

Copyright © 2005 by
Editorial Albatros SACI
J. Salguero 2745 5º 51 (1425)
Buenos Aires - República Argentina
E-mail: info@albatros.com.ar
www. albatros.com.ar

ISBN 950-24-1115-3

Contenidos

Aunque se tuvieron en cuenta todos los detalles en la recopilación
de esta publicación, el editor y la autora no pueden aceptar
ninguna responsabilidad por la pérdida, daño o muerte que resulte
del uso de esta publicación en el cuidado de los gatos. Tampoco
por el uso de materiales, equipos, métodos o información
recomendados en esta publicación, o por cualquier error u omisión
del texto de esta publicación o que se pueda producir en una fecha
futura, excepto lo que expresamente indica la ley.

Gair, Angela
Mi gato - 1a ed. - Buenos Aires : Albatros, 2006.
128 p. : il. ; 15x22 cm.

Traducido por: Graciela Jáuregui Lorda

ISBN 950-24-1115-3

1. Gatos. I. Jáuregui Lorda, Graciela, trad. II. Título
CDD 636.8

Introducción

El perro ya no es más el mejor amigo del hombre, su lugar junto a la chimenea fue ocupado por el gato. Los ingleses tienen ocho millones de gatos domésticos comparados con los seis millones de perros. Los gatos también superan a los perros en los Estados Unidos y en muchos países

Existen muchas razones acerca del reciente crecimiento de la popularidad de los felinos en todo el mundo. Los gatos con criaturas sumamente adaptables y se acomodan muy bien en el agitado estilo de vida actual. Tranquilos y limpios, son fáciles de cuidar y más independientes que otras mascotas hogareñas (no hay que llevarlos a realizar una larga caminata después de un agitado día de trabajo). Al mismo tiempo, apreciamos a los gatos por sus cualidades terapéuticas. Son muy cariñosos y, cuando las cosas se ponen difíciles, acariciar y jugar con un gato produce un efecto calmante. Resulta difícil sentirse tensionado cuando se observa un gato tendido en una alfombra y se escuchan sus profundos ronroneos.

Los felinos tienen una elegancia, gracia y serenidad que son cautivantes. Leonardo da Vinci apodaba al gato "obra maestra de la naturaleza", y es fácil ver por qué. Ágiles, lánguidos y flexibles, adquieren hermosas formas cuando están sentados, acostados, jugando, lavándose, cazando o durmiendo. Tener un gato es como tener una escultura viviente en casa.

Si comparte su vida con un adorable "mestizo" o con un gato de perfecto linaje, verá que estas fascinantes criaturas hacen mucho más que satisfacer la vista. En el hogar son nuestros compañeros ronroneantes junto a la chimenea, contentos al acurrucarse cerca del fuego para que los alimentemos y mimemos. Pero, por otra parte, también se transforman en criaturas salvajes y cazadores solitarios. Sí, tienen su lado travieso, rasguñan los muebles, escarban en los canteros de flores y dan rienda suelta a sus ensordecedores canturreos en medio de la noche. Pero cualquier amante de los gatos aceptará estos pequeños deslices con una sonrisa y encogiéndose de hombros. Debajo de esa delgada capa de domesticación, los gatos son salvajes de corazón, con un espíritu independiente que realmente nunca puede ser domesticado, una cualidad que les garantizó un lugar único en el afecto humano.

CAPÍTULO UNO

La historia del gato

La relación amorosa del hombre con el gato data de 4.000 años y, como cualquier relación amorosa, ha tenido idas y vueltas. En las distintas épocas, el gato fue reverenciado y adorado, denostado como un instrumento de Satanás y apreciado como un guardián del hogar. Todo indica que, al ingresar al siglo XXI, el gato y los humanos "ya viven felices para siempre".

El gato doméstico que conocemos y queremos es un descendiente directo del gato salvaje africano (Felis lybica), un habitante de África del Norte. Se cree que este pequeño y elegante felino fue domesticado por los antiguos egipcios 2.000 años a.C. Al parecer, esos gatos salvajes comenzaron a aproximarse a los asentamientos humanos que se encontraban junto a las riberas del Nilo, atraídos por los roedores que infestaban los enormes acopios de granos de los egipcios. Al matar a las ratas y ratones y también a las serpientes venenosas, los gatos se hicieron querer por la gente y gradualmente comenzaron a formar parte de la vida hogareña. Los egipcios admiraban al gato no sólo por sus proezas como

Para saber más

Las familias egipcias mantenían a los gatos como una señal de respeto hacia los dioses y, cuando un gato doméstico moría, toda la familia guardaba luto y demostraba su dolor afeitándose las cejas.

CAPÍTULO
UNO

Gatos dóciles

Los gatos carey son casi siempre hembras. Sólo uno de 200 es macho, e invariablemente es estéril. Como tienen un cromosoma femenino extra, son hembras masculinizadas; y son mucho más dóciles que los machos.

cazador sino también por su gracia, belleza y espíritu independiente y con el tiempo adquirió la jerarquía de deidad felina sagrada. Cuando un gato moría era momificado y se lo colocaba en una cámara sepulcral especial. El castigo por matar un gato, aun por accidente, era la muerte. De todos los animales domésticos, sólo un gato podía ganar el amor y el respeto del hombre por hacer, bueno, en realidad, no mucho...

Aunque estaba prohibido sacar gatos de Egipto, algunos eran contrabandeados por comerciantes fenicios y llevados a Italia. Desde allí fueron introducidos en el resto de Europa por los romanos. Eventualmente, los gatos fueron llevados a otros países del planeta por comerciantes y colonizadores como "gatos de barco". Aún hoy en día, los marineros creen que los gatos traen buena suerte a un barco y, por supuesto, son útiles para deshacerse de los roedores.

Los gatos en la Edad Media

Mientras que los gatos continuaron con su encantadora existencia en otras partes del mundo durante la Edad Media, sus primos europeos no fueron tan afortunados. Debido a su vinculación con el paganismo, el gato fue denunciado como maligno por la iglesia cristiana y durante casi 500 años sufrió una espantosa persecución. Se creía

Abajo: *los gatos totalmente negros son bastante extraños debido a los esfuerzos de la iglesia cristiana en la Edad Media.*

que la forma preferida de Satanás era un gato negro. Las ancianas que vivían solas con sus gatos a menudo eran denunciadas como brujas y sus compañeros felinos como "familiares" (espíritus familiares); ambos eran ahogados o quemados en una hoguera.

Los gatos como mascotas domésticas

En el siglo diecisiete los gatos recuperaron la aceptación y no la volvieron a perder. En la época victoriana se convirtieron en mascotas hogareñas mimadas y según parece actualmente la adoración del gato reina otra vez entre nosotros. Durante el último siglo el nivel de vida del gato se incrementó notablemente. Mientras que en alguna oportunidad fue tolerado como un útil cazarratones, ahora es reconocido como un compañero fiel y mimado con la mejor comida y un hogar tibio y acogedor.

Para saber más

Debido a que se mataron tantos gatos en la Edad Media la población de ratas en Europa se multiplicó en forma desenfrenada. Las pulgas de las ratas produjeron la plaga bubónica ("muerte negra"), la cual mató a 25 millones de personas entre los siglos XIV y XVII.

CAPÍTULO
UNO

TIPOS BÁSICOS DE GATOS

Gracias a generaciones de domesticaciones y a una crianza selectiva, tanto los gatos mestizos como los de pura sangre permutaron sus tipos y colores. Los rasgos principales que varían son los colores del pelaje y la distribución, el largo y tipo de pelaje y el tipo de conformación general del cuerpo.

Tipo cobby

Los ejemplares típicos del tipo "cobby" son el gato Persa y el Pelicorto Exótico. Son bajos, compactos, con patas cortas, con hombros y caderas anchas, cabeza redondeada y cola corta y tupida.

• *Persa chocolate esfumado*

Tipo extranjero (exótico)

El tipo extranjero (exótico) es esbelto y elegante, con cuerpo delgado, cola larga y patas finas. Tiene huesos finos, cabeza con forma de prisma, orejas erguidas y ojos oblicuos. En esta categoría se encuentran el Siamés, el Pelicorto Extranjero (Exótico) y el Mau Egipcio.

• *Siamés*

▌ Tipo musculoso

Éste es un gato robusto, con huesos fuertes y un cuerpo sólido, con patas cortas y bien proporcionadas. La cabeza tiene forma de manzana y es redondeada en la parte superior. Tiene mejillas bien marcadas y un hocico ancho y corto. En este tipo se encuentran el Birmano y los Pelicortos Inglés y Americano.

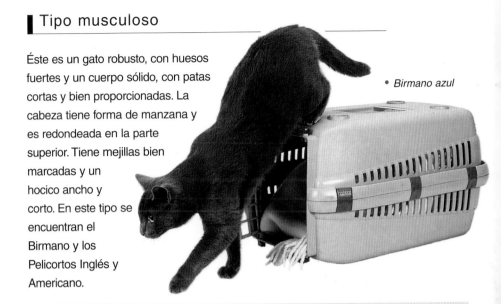

• *Birmano azul*

Tipos de ojos

Los ojos de los gatos son de tres formas básicas: redondos, almendrados y oblicuos. Entre los gatos con ojos redondos se encuentran el Pelicorto Inglés y el Persa. Los gatos con ojos almendrados incluyen el Abisinio y el Tonkinés. El gato Siamés y el Pelicorto Extranjero (Exótico) tienen ojos oblicuos. El color de los ojos abarca desde el verde hasta el dorado avellana, e incluso azul intenso.

Ojos redondos

Ojos almendrados

Ojos oblicuos

CAPÍTULO
UNO

RAZAS DE GATOS POPULARES

Los gatos con linaje son animales extremadamente bellos, que combinan elegancia y gracia con rasgos adorables. Actualmente existen más de cien razas de gatos con linaje reconocidas y siempre se introducen nuevas. En las páginas siguientes se describen algunas de las razas de gatos más populares.

GATOS PELILARGOS

Persa pelilargo

• Aspecto: con su fabuloso, largo y tupido pelaje, el Persa es lo último en "mininos encantadores". El cuerpo es del tipo del cobby, con patas cortas y gruesas y una cola peluda. La cabeza es redondeada, el rostro plano y los ojos son grandes, brillantes y coloridos. Los Persas se crían en una amplia gama de colores y matices.

• Temperamento: son apacibles, afectuosos y se adaptan bien a la vida en el interior.

• *Persian chocolate smoke*

Las variedades color chocolate y lila, que tienen un poco de sangre siamesa, son más curiosas y vivaces.

• **Nota**: no piense en tener un Persa a menos que pueda darle una buena cepillada todos los días para evitar que el pelaje se acumule. El rostro plano provoca que los Persas tengan más problemas respiratorios y ojos llorosos que otros gatos. También son propensos a desarrollar cálculos biliares de adultos.

• *Persa camafeo rojo esfumado*

GATOS CON PELAJE SEMILARGO

▌ Maine Coon

• **Aspecto**: una raza americana de pelaje tupido y resistente, con una constitución grande y poderosa, cuerpo largo y cola larga y ondeante. La cabeza es grande, con forma de prisma, las orejas punteagudas y los ojos grandes y expresivos. El pelaje es tupido, brillante, peludo y tiene una amplia variedad de colores y mezclas. La variedad más conocida es la Tabí marrón original, cuyo ejemplar se asemeja al pelaje de un mapache.

• **Temperamento**: adorable, compañero y tranquilo, son las mascotas domésticas ideales. Los Maine Coons son conocidos por los suaves sonidos chirriantes que emiten y por su hábito de dormir en lugares extraños (posiblemente una herencia de sus ancestros, los gatos de granja).

• **Nota**: esta raza no es adecuada para una vida interior ya que necesita mucho espacio para explorar y liberar energías.

CAPÍTULO
UNO

Birmanés

* **Aspecto**: su cuerpo es largo, bajo y las patas cortas y robustas. Las puntas de las patas blancas son su característica: las patas delanteras tienen como guantes blancos y las patas traseras son blancas en el frente con "manoplas" blancas que se extienden hacia atrás. El pelaje claro tiene toques dorados y los puntos oscuros tienen una variedad de colores. Los pelos son largos y sedosos, pero no tienden a acumularse. Los de ojos grandes y redondos son los chinos azules.

* **Temperamento**: gentil, tolerante con los niños y los perros y, al tener una buena salud, los Birmaneses son mascotas domésticas ideales.

* *Birmanés azul*

* *Birmanés
chocolate*

GATOS PELICORTOS

▌ Siamés

• **Aspecto**: elegante y aristócrata, con un cuerpo esbelto, extremidades finas y una cola larga. La cabeza tiene forma de prisma con una nariz larga y recta, orejas grandes y punteagudas y ojos oblicuos, azul zafiro. El pelaje es corto, suave y sedoso. En la variedad clásica, el cuerpo es color crema y los toques de color son marrones claros. Otros colores característicos incluyen el azul, chocolate, rojo, crema, lila y carey.

• **Temperamento**: el Siamés, tan bullicioso como hermoso, anhela la compañía humana y "conversará" con usted con esa voz ronca inimitable. Sumamente inteligente, activo, curioso y extrovertido, puede ser una mascota demandante, pero lo recompensará con una gran lealtad, afecto y horas de distracción. "Somos Siameses y complacemos..."

• **Nota**: el Siamés detesta que lo dejen solo; si está aburrido o se siente solo, puede ser dañino y maullará con insistencia. No es una raza para gente muy ocupada.

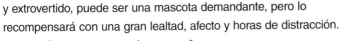

Para saber más

Los gatos Siameses son totalmente blancos al nacer; los colores oscuros en el rostro, patas y cola aparecen cuando son más grandes. Los matices también son sensibles a la temperatura, los gatitos que crecen en un ambiente muy frío se oscurecen por completo, mientras que aquellos que crecen en un ambiente muy cálido permanecen claros, sin matices oscuros.

CAPÍTULO
UNO

▌ Pelicorto Inglés

Aspecto: un gato compacto, musculoso, con pecho ancho y patas cortas, robustas, con las puntas grandes y redondeadas. La cola es tupida y con la punta redondeada. La cabeza es redonda y con mejillas anchas, los ojos redondos y

separados. El pelaje tupido, afelpado, de fácil cuidado, tiene una gran variedad de colores y matices.

• *Pelicorto Inglés chocolate*

El Pelicorto Americano es descendiente del Pelicorto Inglés. Es un poco más grande que su primo inglés, con un rostro menos redondeado y patas y cola más largas.

Temperamento: un gato robusto y fuerte, de naturaleza tranquila y serena, el Pelicorto Inglés es una buena mascota para los niños.

• *Pelicorto Inglés crema*

• *Pelicorto Inglés lila cremoso*

Birmano

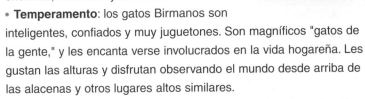

• **Aspecto**: el Birmano es descendiente de la hembra del tipo Exótico marrón importada a los Estados Unidos de Birmania en 1930 y cruzada con un Siamés.
Tiene el cuerpo delgado y elegante del Siamés, pero un poco más liso y redondeado, y un pelaje más parejo y brillante. Además del color marrón original, también existen los colores lila, azul, platino, champagne, chocolate, rojo y crema; y cuatro variedades color carey.
La cabeza tiene forma de prisma mediano, con pómulos altos. Los ojos separados son enormes, redondos y dorados.

• *Birmano azul*

• **Temperamento**: los gatos Birmanos son inteligentes, confiados y muy juguetones. Son magníficos "gatos de la gente," y les encanta verse involucrados en la vida hogareña. Les gustan las alturas y disfrutan observando el mundo desde arriba de las alacenas y otros lugares altos similares.

• **Nota**: el Birmano detesta que lo dejen todo el día solo y, si está aburrido, puede ser dañino. Su amigabilidad, combinada con la curiosidad y cierta pasión por viajar, lo ponen en riesgo de perderse o de que lo roben. Deben tomarse las precauciones adecuadas.

• *Birmano dorado*

Tonkinés

- **Aspecto**: originario de Canadá, el Tonkinés es el resultado de la cruza de un Siamés con un Birmano negro. Su cuerpo es elegante y delgado, aunque firme y musculoso, con más características del Birmano que del Siamés. El pelaje de largo mediano es fino, suave y sedoso. Los ojos son anchos, con forma almendrada, y de un color aguamarina sorprendente. Tienen una amplia variedad de sutiles colores con matices oscuros.
- **Temperamento**: excepcionalmente inteligente, vivaz y curioso, los "Tonk" no son fáciles de manejar. Audaces y amistosos, buscan llamar la atención y seguirán a sus dueños por toda la casa. Les encanta estar en lugares altos y examinar sus dominios.
- **Nota**: atención, el Tonkinés no es un gato al que se puede ignorar. Idealmente, debería haber alguien en casa durante todo el día. Si puede manejarlo, dos Tonkineses se harían buena compañía.

Pelicorto Exótico

- **Aspecto**: esta raza se origina en América, creada de la cruza de Persas con Pelicortos Americanos. El resultado es un gato con toda la belleza de un Persa, pero con un pelaje corto. El Exótico es de tamaño mediano y fornido, con patas cortas y fuertes y una cola corta. La cabeza es ancha, con el rostro plano y una nariz corta y chata. Los ojos son grandes, redondos y brillantes. El pelaje es tupido, afelpado, suave y un poco más largo que los pelajes de la mayoría de los gatos pelicortos. Se los cría en todos los colores, incluyendo moteados.
- **Temperamento**: este gato con el apodo de "el haragán Persa del hombre", tiene un temperamento similar al Persa, pero sin las demandas del cuidado diario. El Exótico es dócil y adorable y rara vez emite un sonido, pero es un poco más juguetón que el Persa y se lleva bien con los perros y los niños.

Abisinio

Para saber más

A menudo a los Abisinios se los llama "gatos conejos". Esto se debe a que su pelaje se parece al de los conejos salvajes.

- **Aspecto**: con su cuerpo delgado y musculoso, orejas grandes y pelaje tostado, el "Aby" parece un pequeño gato salvaje. Cada pelo del pelaje tupido y suave tiene tres o cuatro colores. El color original es marrón rojizo con un matiz negruzco, y existen muchas variedades incluyendo rojo, azul, lila y chocolate. Los ojos almendrados son brillantes y expresivos y pueden ser color ámbar, avellana o verde, con un borde oscuro.
- **Temperamento**: un gato vivaz e inteligente que adora involucrarse en la vida familiar. Al igual que el Siamés, investigará las cosas con las patas en lugar de la nariz.
- **Nota**: los Abisinios no son adecuados para la vida en el interior ya que se inquietan cuando están encerrados.

Somalí

- **Aspecto**: el Somalí es una variedad con pelo semilargo del Abisinio, con un collarín, una cola parecida a la de un lobo y pequeños penachos de pelo entre los dedos de las patas. Existen más de veinte colores. Cada pelo de la parte superior del cuerpo tiene entre seis y doce bandas de colores alternados, lo que produce un brillo resplandeciente cuando se mueve. Sus rasgos faciales llamativos le dan una expresión atrayente.

- *Somalí*

- **Temperamento**: inteligente, cariñoso y de naturaleza dulce, el Somalí lo saludará con un bonito ronroneo.

CAPÍTULO DOS

Comprenda a su gato

Aunque actualmente la mayoría de los gatos vive en un ambiente seguro y hogareño, mantienen muchas de las características físicas y de comportamiento de sus antepasados salvajes. La comprensión del comportamiento felino le ayudará a desarrollar un vínculo más intenso y amoroso con su gato y a mantenerlo feliz y saludable.

La evolución convirtió al gato en un perfecto cazador. Su cuerpo es un milagro de la ingeniería física, diseñado para un ataque cruel y una ágil defensa. La columna vertebral flexible, casi elástica, le permite al gato una amplia variedad de movimientos y se puede deslizar por los espacios más pequeños. Los músculos flexibles aunque poderosos constituyen otra ayuda para su velocidad y agilidad, y le permiten correr a toda carrera, trepar y saltar con la gracia y facilidad de un atleta. El gato, como cazador nocturno, tiene sentidos muy agudos, no sólo para seguir y atrapar a su presa, sino para ayudarlo a evadir predadores. El gato es receptivo de los sonidos aun cuando está dormitando y es capaz de entrar en acción ante la menor señal de peligro.

Para saber más

Los gatos fueron salvavidas durante el bombardeo a Gran Bretaña, en la Segunda Guerra Mundial. Su oído agudo les permitía sentir la aproximación de los aviones enemigos desde lejos. Cuando escapaban para protegerse, sus dueños los seguían.

CAPÍTULO DOS

▌ Los sentidos de los gatos

Todos los órganos de los sentidos de los gatos, como cazador nocturno, están muy desarrollados. En realidad, los sentidos de los gatos son tan agudos que, a menudo, se cree que están dotados de poderes sobrenaturales. Abundan las historias sobre gatos que predicen terremotos, tornados y otros desastres, y la explicación más verosímil es que son capaces de recoger sonidos y vibraciones que los humanos no pueden oír.

Orejas

Los gatos tienen un oído más agudo que los humanos e incluso que los perros. Tienen veinte músculos en cada oreja y las orejas pueden rotar en forma independiente, permitiéndole al gato rastrear y encontrar la dirección y distancia precisas de un sonido (parecen estar especialmente sintonizados cuando se produce el sonido de un abridor de latas...).

Ojos

Contrariamente a la creencia popular, los gatos no pueden ver en la oscuridad, pero pueden ver mejor que los humanos con poca luz. Sus ojos son grandes y están ubicados en la parte delantera de la cabeza, brindándoles un amplio ángulo de visión. Las pupilas reaccionan en forma instantánea a los cambios en las condiciones de la luz y se dilatan por completo ante la luz tenue. Atrás de la retina poseen una capa de células especiales que actúa como un espejo: cuando las pupilas están completamente abiertas, en la oscuridad, la luz se refleja en estas células. Es por esto que los ojos de los gatos parecen brillar en la oscuridad.

Nariz

El sentido del olfato del gato es catorce veces más sensible que el de los humanos. Esto explica por qué no podemos engañarlos cuando tratamos de colocar sus medicinas en la comida.

Para saber más

Los gatos blancos pueden tener ojos azules, naranjas o extraños (un ojo azul y el otro naranja). Tristemente, los que tienen ojos azules casi siempre nacen sordos. Los gatos con ojos extraños son ocasionalmente sordos del lado del ojo azul. Los gatos blancos con ojos naranjas no tienen problemas de audición.

Abajo: *Los gatos domésticos comparten muchas características de sus equivalentes salvajes.*

Lengua

La superficie de la lengua del gato está cubierta de diminutas papilas abrasivas, las cuales le permiten raspar la carne de los huesos y remover los pelos sueltos cuando se acicalan. La lengua también se puede doblar a los costados para formar una "cuchara" y lamer los líquidos.

Dientes

El gato tiene treinta dientes, diseñados para comer carne. Los cuatro caninos grandes sostienen y matan la presa, doce incisivos para mordisquear y catorce dientes de atrás que actúan como tijeras para cortar la carne en trozos pequeños.

Bigotes

Los gatos tienen casi doce bigotes debajo de la nariz, de cada lado del rostro, con algunos adicionales sobre los ojos. Los bigotes tienen nervios en la base y pueden detectar el movimiento más delicado.

El reflejo estático

Los gatos tienen la capacidad de caminar ágilmente por ramas, cercas y techos angostos debido a que el mecanismo de equilibrio de sus orejas está sumamente afinado. Si un gato se cae desde algún lugar elevado, a menudo (aunque no siempre) se apoyará seguro sobre sus cuatro patas, gracias al "reflejo estático". Las cavidades llenas de líquido que se encuentran dentro de sus orejas transmiten información al cerebro sobre la posición de la cabeza en relación con la gravedad, y el gato rota el cuerpo para caer en la posición correcta hacia arriba.

Cola

En realidad, la cola es una extensión de la columna vertebral. Se utiliza como un mecanismo de dirección y equilibrio cuando el gato trepa y salta. La cola también es un medio de comunicación importante: si está erguida, es una señal de saludo; si se balancea de un lado al otro, es una señal de enojo o agresión.

Abajo: *al acercarse con la cola erguida, este gato muestra sus intenciones amistosas.*

Garras

Las garras de un gato son herramientas importantes y necesarias para luchar contra los rivales, atrapar una presa y trepar árboles. Los gatos mantienen las garras en forma frotándolas contra la corteza de un árbol o los postes de una cerca, para eliminar la capa exterior vieja de la garra y dejar expuesta la nueva que se encuentra abajo.

Para saber más

La antigua palabra egipcia para designar un gato era "mau," que significaba "ver". Los egipcios creían que los ojos luminosos del gato reflejaban los rayos del sol y protegían a la humanidad de la oscuridad.

Pelaje

Los gatos pueden tolerar temperaturas extremas ya que su piel actúa como un aislador muy eficiente. Los pelos contienen receptores del tacto sumamente sensibles. Un gato que se encuentra a la defensiva ahueca el pelaje y la cola para parecer más grande.

El órgano de Jacobson

Los gatos, al igual que los leones, los tigres y los caballos, poseen un órgano de los sentidos extra que los humanos no poseen. Conocido como el órgano de Jacobson, está ubicado en la parte superior de la boca y le permite al gato literalmente "probar" los olores. El gato frunce los labios hacia atrás para permitir que los aromas que dejan otros gatos penetren en la boca y asciendan a través de dos aberturas que se encuentran detrás de los dientes frontales hacia una diminuta cámara, donde se concentran y absorben.

Derecha: *los Tabbies son la forma básica "salvaje" de los cuales evolucionaron todos los colores y tipos de pelaje de los otros felinos.*

CAPÍTULO
DOS

▌Instintos y comportamiento

A veces, cuando usted comparte su vida con un gato, resulta fácil olvidar que él no es sólo un miembro de la familia con cuatro patas y cubierto de piel. Sin embargo, como todas las especies, los gatos tienen su propio y complejo sistema de comportamiento, el cual se relaciona directamente con sus orígenes salvajes y permanece fuerte a pesar de los miles de años de domesticación. Por ejemplo, el instinto de caza y el comportamiento territorial aun se ponen mucho en evidencia.

Cuidado personal

Para un animal que odia el agua, los gatos pasan mucho tiempo lavándose. El lamerse el pelaje con la lengua cumple varias funciones: remueve los pelos sueltos y alisa la piel que aisla el cuerpo con más eficiencia; estimula las glándulas de la base de

▌**Derecha**: *los gatos son criaturas fastidiosas y pasan muchas de sus horas de vigilia lavándose y lamiéndose.*

los pelos, las cuales impermeabilizan el pelaje; en el clima
cálido, al lamerse se esparce la saliva que enfría al gato cuando
se evapora; también esparce el sebo por el pelaje y, cuando
éste se expone al sol, produce vitamina D que es ingerida por el
gato.

La respuesta al calamento

Si usted tiene jardín, brinde un poco de solaz a su gato, plantando un cantero de
calamento en un lugar soleado. La Nepeta cataria, conocida como calamento, es
una planta atractiva que produce flores azules en el verano. Los aceites de las
hojas contienen un componente químico que brinda al gato un estado de felicidad.
Ellos huelen la planta y luego ruedan sobre ella, liberando el aroma. También
puede comprar hojas secas de calamento o juguetes impregnados con ella.

CAPÍTULO
DOS

Ronroneo

Cómo y por qué ronronean los gatos es un misterio, incluso para los expertos que estudian el tema. Se cree que tienen membranas adicionales cerca de las cuerdas vocales y el ronroneo se produce por la vibración de las mismas, pero esto no ha sido probado. El ronroneo indica placer, satisfacción y afecto. A veces es una forma no muy sutil de pedir comida. Las gatas ronronean cuando paren y dan de mamar a sus crías. Las vibraciones actúan como un sistema de guía para los gatitos, que nacen ciegos, virtualmente sordos y sin sentido del olfato. Extrañamente, los gatos enfermos o lastimados también ronronean, quizá para consolarse. Los gatos también ronronean mucho cuando están incubando gripe.

Sueño

Existen muchas dolencias que pueden afligir a un gato, pero el insomnio definitivamente no es una de ellas. Los gatos pasan dos tercios del día durmiendo, aunque en

Derecha: *la madre naturaleza pasa millones de años perfeccionando al supremo cazador, sólo para encontrar su creación tendida en una alfombra.*

Derecha: *cuando juega, está practicando sus habilidades de cazador.*

"siestas" cortas. En estado salvaje, es su forma de conservar energía para las intensas actividades de cazar alimento y defender el territorio. El mimado gato hogareño no realiza muchas actividades de caza, pero de cualquier modo duerme bastante.

Caza

A menudo, aquellos que quieren a los gatos también quieren a los pájaros y pequeños mamíferos y les resulta difícil aceptar que su dulce gatito sea un cazador despiadado. Hasta el gato mejor alimentado no perderá la oportunidad de cazar ratones y pájaros; es un instinto bien arraigado y, cuando no hay una presa real, un gato derivará sus instintos naturales hacia "presas" sustitutas, como un juguete o un trozo de cuerda colgante.

Lo que desata el instinto de caza del gato es el movimiento, no el hambre. Alertado por el menor movimiento en el pasto, el gato acecha a su víctima, se agazapa con los ojos fijos y las orejas alertas. Cuando se encuentra al alcance de su víctima, se agazapa detrás de algo, se apoya en las patas traseras y luego se lanza sobre su presa. El instinto del gato es preservarse del daño; una mordida de rata puede ser letal. Por eso muerde la cabeza de la víctima o lanza golpes al aire para desorientar. Si la víctima trata de escapar, el movimiento vuelve a desatar la respuesta de intentar cazar.

Para saber más

La Towser, una hembra carey, fue "empleada" como cazadora de roedores por una destilería de whisky en Escocia hasta su muerte en 1987. Durante su vida de trabajo mató a más de 29.000 ratones, a un promedio de tres muertes por día.

CAPÍTULO
DOS

Para nosotros, el gato parece "torturar" con crueldad a su presa, liberándola y volviéndola a capturar varias veces antes de darle el mordisco mortal. En realidad, ésta es una señal de un cazador inepto. La caza es un instinto, pero llevar la caza a una conclusión exitosa (morder la cerviz para romper la médula espinal y dar una muerte instantánea), es una habilidad

Arriba: *este gato está afilando sus garras en un árbol y al mismo tiempo deja un mensaje perfumado para otros gatos.*

Arriba: *aun un macho castrado marcará su territorio y luego defenderá con ferocidad "su espacio" contra otros felinos intrusos.*

que se debe aprender. Los gatos criados por madres no cazadoras a menudo no dominan esta habilidad y una vez que atraparon su presa parecen no estar seguros de qué hacer con ella.

Instinto territorial

El gato domesticado no tiene necesidad de cazar o defender su territorio contra competidores para sobrevivir, pero el instinto de hacerlo aún permanece en ellos. Todos los gatos establecen territorios, centrados en su base hogareña. El tamaño del territorio varía de acuerdo con la cantidad de gatos de la zona y el espacio disponible, y los gatos sin castrar tienen territorios mucho más grandes que los machos castrados y las hembras. Si un macho entra en el territorio de otro macho puede iniciarse una pelea, pero los gatos prefieren comportarse de una manera civilizada y seguirán rutas reconocidas entre territorios para evitar conflictos.

CAPÍTULO
DOS

Marcas perfumadas

Una de las formas más importantes de comunicación entre los gatos es a través del olor. Los gatos marcan con olor para definir los límites de su territorio y para atraer a miembros del sexo opuesto. La forma más común de marcar, particularmente los machos sin castrar, es rociando con orina. Mientras que un gato se agacha para orinar, el rocío lo realiza orinando de pie. El gato se apoya en un objeto vertical y arroja unos chorros cortos de orina hacia atrás, con la cola levantada y temblando y la espalda un poco arqueada.

Otras marcas territoriales incluyen frotarse contra objetos con la cabeza y el cuerpo para dejar los olores producidos por las glándulas sebáceas de la piel, y rasguñar postes o troncos de árboles para depositar olores segregados por las glándulas en las almohadillas de las garras.

Abajo: *a menudo, los gatos usan las cercas o postes como puntos ventajosos para vigilar sus territorios. Este gato está marcando su territorio frotando sus mejillas sebáceas contra el poste.*

▌ El juego del apareamiento

Los gatos son criaturas promiscuas. Desde los seis meses en adelante, las hembras están en celo con intervalos frecuentes durante la primavera y el verano. Cada período de celo dura de tres a seis días. La hembra o "reina", indica su disponibilidad para el apareamiento rodando sobre el suelo, frotándose en forma incesante contra objetos y llamando para atraer a un macho. Si le responden, se agazapará y levantará la cola.

Cuando una hembra está lista para aceptar a su compañero, coqueteará con él, rodará en forma provocativa y luego levantará la parte trasera y mantendrá la cola hacia un costado. El gato la sostendrá de la cerviz con los dientes y la montará. El acto sexual, que dura sólo unos segundos, provoca la ovulación. Cuando el gato se retira, la hembra emite un grito intenso y se desenfrena con él. El gato realiza una pronta retirada y la observa desde una distancia segura mientras ella rueda, se frota y se contorsiona de manera voluptuosa. Ambos gatos se acicalan antes de volver a aparearse.

La reina se puede aparear varias veces durante el celo y no necesariamente con el mismo gato.

▌ Para saber más

A una hembra sin castrar se la denomina "reina", pero no por su realeza. Proviene de la antigua palabra "quean", que significa pícara. Si alguna vez observó el desenfrenado comportamiento de una gata en celo, esto tiene sentido.

CAPÍTULO
DOS

El acontecimiento feliz

La reina lleva en su vientre los gatitos aproximadamente durante sesenta y tres días. Cuando el nacimiento es inminente, busca un lugar oscuro y apartado para hacer su nido. Aun con su primera parición, una reina sabe instintivamente qué hacer y ronroneará durante todo el alumbramiento. El primer gatito nace después de quince minutos de iniciado el trabajo de parto. De inmediato, la madre lame al recién nacido para quitarle la bolsa de nacimiento y estimular la respiración. Luego mastica el cordón umbilical y se come la placenta. Hace esto para que no atraiga a los predadores que puedan dañar a los gatitos recién nacidos, y también porque la placenta le brinda nutrientes esenciales para los días posteriores al alumbramiento, cuando no puede cazar. La mayoría de las reinas dan a luz entre tres y seis gatitos (el promedio es cuatro) y el intervalo entre los nacimientos varía entre cinco y sesenta minutos.

▌Criar a un bebé

Las gatas son excelentes madres, alimentando, acicalando y protegiendo a sus crías cuando son pequeños y luego enseñándoles las habilidades que necesitarán para sobrevivir en la edad adulta. En las colonias salvajes, las hembras comparten el cuidado de los jóvenes.

Para saber más

Una leyenda italiana cuenta que en el momento en que María dio a luz a Jesús, una gata que vivía en el mismo pesebre tuvo sus gatitos. Leonardo da Vinci incluyó un gato y gatitos en muchos de sus estudios de la Madonna y el Niño.

Los primeros días

Los gatitos nacen con los párpados cerrados y las orejas dobladas hacia atrás, por lo tanto son ciegos y sordos. Un arraigado reflejo innato los ayuda a localizar las tetas de su madre. La primera leche, que se segrega durante los primeros días posteriores al alumbramiento, se denomina calostro. Está compuesto de nutrientes y anticuerpos que protegen a los gatitos contra las enfermedades durante las

Arriba: *la leche de una gata brinda a sus gatitos todos los nutrientes esenciales que necesitan para un desarrollo saludable.*

primeras doce semanas de vida. Mientras se alimentan, los gatitos usan sus patas delanteras para "sobar" la panza de la madre y estimular el flujo de leche. Este comportamiento a menudo se extiende en la edad adulta, cuando un gato se sienta en el regazo de su dueño, ronroneando y sobando con sus patas delanteras. Esto le brinda al dueños placer mezclado con miedo ya que las garras del gato se encuentran extendidas.

La primera semana

Durante este período los gatitos no hacen otra cosa más que amamantarse y dormir. Sordos, ciegos e incapaces de caminar, son

CAPÍTULO
DOS

Arriba: *el instinto de la limpieza es innato en los gatos y se puede ver en los gatitos de tres semanas.*

totalmente dependientes de sus madres para sobrevivir. Ella los lame y los frota con la nariz para que se alimenten, los estimula para que eliminen sus desperdicios lamiéndoles las colas y luego los limpia.

La segunda semana

En este momento los gatitos crecen rápidamente y ya pueden movilizarse arrastrándose. En esta etapa, los ojos que son siempre azules, comienzan a abrirse. Los pabellones de las orejas comienzan a erguirse y los gatitos ya pueden oír claramente. Ya tratan de pararse y dan sus primeros pasos tambaleantes.

La tercera semana

Comienzan a salir los dientes de leche. Los gatitos están ansiosos por explorar los alrededores y comienzan a jugar con objetos y entre ellos. En esta etapa, la madre aún pasa la mayor parte del tiempo con sus gatitos, pero comienza a prepararlos para su independencia dejándolos solos durante cortos períodos.

En estado salvaje, ella mata presas y las lleva al nido para comer delante de ellos.

La cuarta y quinta semana

Al terminar la cuarta semana los gatitos son capaces de hacer sus necesidades sin la ayuda de su madre. En una situación doméstica aprenden a utilizar una bandeja para excrementos copiando a su madre.

La sexta semana

La madre salvaje comienza a destetar a los jóvenes para que consuman alimento sólido, restringiéndoles el acceso a la

Para saber más

Se cree que algunos de los grandes conquistadores del mundo (Alejandro Magno, Napoleón, Hitler) no apreciaban a los gatos. Obviamente sentían que es una criatura que se niega a ser dominada por nadie.

Abajo: *los gatitos pasan la mayor parte del tiempo durmiendo porque utilizan mucha energía en jugar.*

CAPÍTULO
DOS

Izquierda: *a los gatitos les encanta jugar, ya sea entre ellos, con los humanos y con juguetes. Saltan y "batean" los objetos sobre ellos.*

leche y llevando presas heridas para que practiquen sus habilidades de caza. Esto es esencial para su supervivencia ya que alimentar a sus crías y utilizar la energía en cazar mina sus fuerzas.

La séptima semana

Los gatitos duermen menos y pasan parte del tiempo peleando. Sus riñas pueden parecer encantadoras y cómicas, pero en realidad están entrenando sus sentidos y reacciones y aprendiendo las rutinas de la caza: acechar, abalanzar y capturar.

De ocho semanas en adelante

Cuando los gatitos cumplen las ocho semanas ya están completamente destetados y las doce semanas ya son totalmente independientes de sus madres. Entre los tres y los seis meses se les caen los

Derecha: *los gatos experimentan un importante promedio de crecimiento durante los primeros meses de vida.*

Arriba: *los gatitos son naturalmente curiosos y disfrutan jugando juntos y practicando sus habilidades de cazadores.*

dientes de leche y son reemplazados por los dientes permanentes adultos. En estado salvaje, la hembra joven permanece con la madre hasta que ellas mismas se convierten en madres. Los machos dejan al grupo familiar y se van en busca de su propio territorio.

Socialización

Si un gatito doméstico no se acostumbra a ser manejado por humanos desde pequeño, puede crecer temeroso y hostil. Existe un período importante, entre las cuatro y las siete semanas, en el que los gatitos deben ser manejados y deben jugar con diferentes adultos varias veces por día. También deben ser puestos en contacto con otras mascotas y con ruidos domésticos. Este período de socialización es crucial para que el gatito se convierta en un adulto amistoso y juguetón.

CAPÍTULO TRES

Adquirir un gato

Los gatos son conocidos por su independencia, pero el hecho es que el gato o gatito que adopte confiará en que lo atienda por el resto de su vida y eso puede prolongarse durante veinte años o más. Recuerde: meditar un poco antes de adquirir un gato lo ayudará a evitar una decisión impulsiva de la cual podría arrepentirse más tarde.

Muchos dueños afirman que no eligieron a sus gatos, que sólo entraron. No obstante, la decisión de ser dueño de un gato no debería tomarse a la ligera. Hay muchas cosas importantes que considerar. Trate de responder las preguntas de abajo lo más honestamente posible. Le ayudarán a decidir si realmente está listo para compartir su hogar con un felino.

- ¿Su hogar y su jardín son seguros para un gato?
- ¿Vive cerca de un camino con mucho tránsito?
- ¿Quién cuidará de su gato cuando usted esté lejos?
- ¿Está seguro de que nadie de su familia es alérgico a los gatos?
- ¿Cuánto puede gastar? Tendrá que tener en cuenta: alimento, recipiente para excrementos,

Para saber más

Socks, el "primer gato" negro y blanco del presidente Clinton de los Estados Unidos, fue encontrado como perdido. Ahora vive en un regazo de lujo y recibe varias bolsas de correo de fanáticos por día.

CAPÍTULO
TRES

Derecha: *los gatos no respetan el espacio personal, así que espere encontrar pelos en la cama y huellas de garras en los muebles.*

control de parásitos, castración, vacunación, costos veterinarios si su gato se enferma o se lastima, y posible costos de transporte en las vacaciones.

* ¿Está orgulloso de su casa? ¿Puede tolerar que su gato raye sus muebles y deje pelos y huellas de patas con barro por todos lados?
* Si planea tener un hijo en el futuro, ¿está seguro de que querrá conservar al gato?

Arriba: *la combinación de las garras de gato con muebles antiguos puede resultar incómoda para algunos, pero a este gato parece no importarle.*

▌Elegir un gato

Después de decidir que tiene el tiempo y el compromiso suficiente para brindarle a un gato, debe identificar la clase adecuada de felino para usted y su familia.

¿Gato o gatito?

Los gatitos son adorables y muy divertidos, y obtendrá mucho placer al criar uno y verlo crecer. Pero ¿un gatito se adaptará a su estilo de vida? ¿Tiene el tiempo y la energía para tolerar a una bolsa de diversión supercargada subiendo por las cortinas y demoliendo sus delicadas plantas hogareñas? ¿Su hogar está sin ocupantes la mayor parte del día? Recuerde que un gatito necesita mucha atención, se aburrirá y se sentirá solitario si está solo. Podría hacer travesuras o lastimarse. También necesita que lo alimenten varias veces por día. ¿Tiene hijos? Mientras que los niños mayores y los gatitos pueden ser buenos amigos, los niños más pequeños necesitarán una supervisión constante;

▌ **Derecha:** *si está buscando un compañero cariñoso, entretenido e inteligente, entonces el gato es la mascota para usted.*

CAPÍTULO
TRES

la combinación de bulliciosos jóvenes y diminutos gatitos puede ser la fórmula del desastre.

Un gato adulto es la mejor elección si trabaja todo el día afuera de su casa. Los gatos mayores son más serenos y cariñosos que los gatitos y en tanto usted tenga tiempo para jugar con su gato, éste permanecerá activo y juguetón hasta que sea adulto. Tendrá que enseñarle a sus hijos a respetar a los animales (un gato se defenderá con garras y dientes cuando lo aprieten o le tiren de la cola), pero un gato adulto sabe mejor que un gatito cómo alejarse de lo que es peligroso.

Derecha: *sólo tenga un gatito si está en casa y tiene tiempo para jugar con él.*

¿Hembra o macho?

En lo que se refiere al temperamento y al comportamiento no hay nada que elegir entre hembra y macho, siempre y cuando estén castrados. Ambos sexos son igualmente buenas y cariñosas mascotas.

¿Con linaje o mestizos?

Hasta ahora la mayor cantidad de gatos domésticos se encuentran en una categoría conocida cariñosamente como "mestizos". Los mestizos tienen todos los colores y tipos de pelaje y lo que no tienen de aristocrático lo tienen de encantadores. También son un poco más robustos y longevos que sus primos con linaje.

Los gatos con linaje son criaturas extremadamente hermosas. Cada raza tiene un temperamento y una personalidad que las distingue, lo cual quiere decir que usted puede elegir una que se adapte a su estilo de vida. Por ejemplo, los gatos Siameses son vivaces y sociables, y por lo tanto no son una buena elección para una persona muy ocupada. Por otra parte, los Persas son más apacibles y se adaptarán bien a un estilo de vida interior (pero tenga en cuenta que su pelaje largo necesita un acicalamiento regular).

Los Birmanos y los Ragdolls también son apacibles y buenos con los niños. Antes de tomar una decisión, lea sobre las distintas razas (las razas más populares se describen en el capítulo 1), visite muestras de gatos y converse con criadores.

Para saber más

Se cree que el término "moggy" (mestizo) es una deformación de margay, una pequeña jungla de gatos en Sudamérica. Otros atribuyen el origen del nombre a un artista de shows musicales inglés de 1890, llamado Moggie Dowser, que usaba una especie de bufanda en el cuello y se parecía a la piel de un gato.

Abajo: *el Persa es una buena elección de mascota si usted sale a trabajar. Se sienten muy felices cuando uno regresa a casa, pero están bastante contentos de dormir durante el día.*

CAPÍTULO
TRES

¿Uno o dos gatos?

La imagen del gato independiente y autosuficiente puede ser muy desorientadora. En realidad, a los gatos les gusta la compañía y los gatos solitarios a los que se los deja todo el día solos en casa se vuelven infelices e introvertidos. Si no está en todo el día en casa, pero siente que aun así quiere un gato, ¿por qué no considera adoptar dos? Un felino que tenga una compañía se sentirá más feliz y menos solitario en su ausencia y es más juguetón y activo que un gato solo. Por supuesto que dos gatos implicarán el doble del costo y doble reponsabilidad. Si ésta no es una de las opciones, sería más justo adoptar una mascota menos demandante.

▌ Encontrar un gato

Si se decidió por un gato con linaje, el mejor lugar para obtenerlo es en un criador reconocido. Se puede

Abajo: *dos gatitos criados juntos formarán un vínculo intenso y duradero.*

Arriba: *mucha gente adquiere el primer gato alimentando a un extraño que aparece en la puerta y que gana primero su afecto y después su hogar.*

contactar con uno mediante clubes de criadores individuales, por el periódico o concurriendo a exposiciones de gatos. Dueños y criadores se sentirán felices de discutir las características de las distintas razas para ayudarlo a decidir cuál es la adecuada para usted. Cuando compre un gatito, pida ver a la madre y a los compañeros para verificar que estén saludables y bien cuidados. Un criador respetable accederá a que su veterinario examine al gato antes de completar la compra. Un gatito de linaje no debería tener más de doce semanas de vida antes de alejarse de su criador y debe estar completamente inoculado.

Rescate de gatos

Siempre hay una gran cantidad de gatos y gatitos que la gente no quiere y que buscan un hogar, la recompensa de recoger alguna mascota abandonada y verla prosperar es enorme. Póngase en

CAPÍTULO
TRES

contacto con las organizaciones de rescate de su zona; algunas de ellas se dedican especialmente a los gatos. Los voluntarios están ansiosos por encontrar el hogar adecuado para la mascota adecuada, así que no se ofenda si le formulan muchas preguntas personales antes de poder adoptar un animal. Por ejemplo, si tiene hijos o perros, no sería adecuado rescatar un gato que haya tenido malas experiencias con ellos en el pasado. La historia del gato puede ser desconocida, pero los voluntarios conocerán su temperamento, tendrá un control sanitario veterinario y será castrado si tiene la edad suficiente.

Otras fuentes

Hoy en día, los comercios de mascotas no venden gatitos. Probablemente los gatitos de estos lugares fueron separados de sus madres con mucha anticipación y pueden tener problemas de salud y de comportamiento. Es muy fácil sentir lástima por un gatito indefenso, pero uno enfermo podría costarle mucho, desde el punto de vista emocional y financiero. Lo mejor es conseguir un gato o un

Qué hay que observar

• Un gatito debe tener por lo menos ocho semanas antes de separarse de su madre (doce semanas para un gatito de linaje). Para esta época ya debe estar destetado y probablemente entrenado en la casa.

• Verifique que el ambiente del gato sea limpio y que tenga buena salud. Los ojos y la nariz deben estar limpios (sin secreciones). La boca y las encías deben ser rosas y saludables y el aliento dulce. El pelaje debe ser suave y parejo, sin señales de pulgas.

• Elija un gato o un gatito que sea juguetón y curioso y que se deje manejar. Evite al que sea nervioso y se oculte en un rincón, a menos que sepa que tendrá la dedicación necesaria como para "rehabilitarlo".

Arriba: *contrariamente al dicho popular, los gatos y los perros pueden vivir juntos pacíficamente e incluso entablar una amistad... ¡eventualmente!*

gatito de un hogar amable y encantador. Tiene más probabilidad de ser saludable y, si está acostumbrado a que lo maneje la gente, será cariñoso y juguetón, y quizá esté entrenado para vivir en una casa.

Ir a buscar su gato

Antes de ir a retirar su nuevo gato, asegúrese de tener todo el equipo necesario preparado, incluyendo la caja para transportarlo (ver página 56). El olfato es muy importante para los gatos, por lo tanto coloque una toalla vieja o un suéter en la caja transportadora; esto le permitirá "olfatear" su hogar por adelantado. Converse con el dueño sobre la dieta del gato para continuar dándosela durante los primeros días que esté en su hogar y así evitar descomposturas estomacales. Realice los arreglos necesarios para retirar el gato cuando pueda estar unos días en su hogar, brindarle compañía y ayudarlo a que se adapte.

CAPÍTULO CUATRO

Cuidar a su gato

Si usted se molesta en cuidar a su gato, él lo recompensará con muchos años de compañerismo, cariño y diversión. En este capítulo encontrará toda la información necesaria para mantener a su gato saludable y feliz.

Cuando lleve por primera vez a su gato o gatito a su hogar, quizá esté un poco nervioso. Lo mejor es mantenerlo en una habitación hasta que se adapte. Ofrézcale un poco de comida y muéstrele la bandeja para que haga sus necesidades y su cama. Lo mejor es que durante los primeros días lo alimente con la comida que consumía en el hogar anterior. Luego introduzca en forma gradual el alimento que quiera darle durante los días siguientes.

Es natural que todos se sientan emocionados por la nueva llegada, pero recuerde que a veces al gato también le agrada estar solo. Después de uno o dos días dejelo que explore el lugar, pero asegúrese de que todas las puertas y las ventanas que conduzcan al exterior estén cerradas y también clausure las chimeneas; ya que los gatos tímidos se esconden en ellas.

CAPÍTULO
CUATRO

Un gato nuevo debería mantenerse adentro durante una o dos semanas, y lo mismo vale para cuando se mude de casa con su gato. Si lo deja salir demasiado rápido y anda errático por allí, quizá no encuentre el camino de regreso a casa. Quédese con él durante sus primeras correrías en el jardín y déjelo salir antes de comer en lugar de después, así volverá a casa a comer.

▌Registro veterinario

Es conveniente realizar una consulta con un veterinario tan pronto como lleve su gato a casa. Consulte con los amantes de gatos locales para que le recomienden alguno que conozca bien a los gatos y tenga un servicio de emergencias de veinticuatro horas por día. El veterinario también puede aconsejarlo sobre temas esenciales, tales como alimentación, vacunas, desparasitación y castración. Si adopta un gato vagabundo o un gato de un lugar de rescate de animales, siempre debe realizarle un control sanitario antes de colocarlo con otros gatos en su casa. Podría parecer saludable, pero quizá se encuentre en una etapa de incubación de alguna enfermedad infecciosa. Incluso podría ser un "portador saludable", por ejemplo, es posible que un gato tenga una enfermedad con riesgo de muerte como la peritonitis felina infecciosa (PFI), e infecte a otros gatos sin mostrar ningún síntoma (ver página 102). Como precaución, pídale al veterinario que le realice un análisis de sangre al nuevo gato para verificar cualquier infección viral.

Cobertura sanitaria

Vale la pena tener una cobertura sanitaria para cubrir el costo de las consultas veterinarias. Si su gato se enferma en forma inesperada o se accidenta, tendrá suficiente en qué pensar sin la preocupación adicional de las costosas facturas veterinarias. Por una cuota mensual cubrirá la mayoría de los gastos veterinarios por cualquier clase de tratamiento. Es recomendable reunir información, comparar costos y beneficios.

Derecha: *los controles veterinarios regulares le asegurarán que su gato esté saludable.*

CAPÍTULO
CUATRO

EQUIPO

Abajo encontrará una lista de todos los "elementos" que necesita su gato. Algunos son esenciales, otros son opcionales y algunos se pueden improvisar con lo que hay en casa.

Canasta para transportarlo

Una canasta para transportarlo es esencial

• *Jaula de plástico para transporte*

para los viajes al veterinario. Una canasta de buena calidad debería durar toda la vida. Busque una que sea segura, bien ventilada y fácil de limpiar. Existen varios diseños para elegir.

• Las cajas transportadoras de plástico con una puerta reticular en el frente hacen que el gato se sienta más seguro ya que puede ver hacia afuera, pero persuadir a un manojo de piel que se menea para que entre por esa puerta no siempre resulta fácil. Algunos modelos vienen desarmados para poder guardarlos con facilidad y la base se puede usar como cama para el gato.

• Las canastas de alambre recubierto de plástico son las preferidas de los

Izquierda: *una canasta de metal cubierto de plástico durará varios años y será de fácil limpieza.*

• *Caja de cartón*

• *Canasta de alambre con abertura lateral*

veterinarios ya que la tapa de apertura superior
permite un fácil acceso al paciente.

• Las canastas de mimbre parecen lindas, pero son
difíciles de limpiar y desinsectar.

Las cajas transportadoras de cartón no son
recomendables, excepto para los gatitos pequeños.
Un gato asustado puede entrar en pánico y romperla.
Y si orina el cartón, simplemente se desintegrará.

• *Canasta de
mimbre*

Recipientes para alimentos

Los recipientes para alimentos y agua pueden ser de metal, cerámica y
plástico colorido o simplemente puede reciclar sus cacharros viejos. En
cuanto a la forma, los gatos
prefieren ancho y poco
profundo en lugar de pequeño
y profundo, para que los
bigotes no se interpongan
cuando están comiendo.

Derecha: *los recipientes con
alimentos se deben colocar
en un rincón tranquilo de la
cocina, alejados de los de las
necesidades.*

CAPÍTULO
CUATRO

Entrenamiento para el baño

La mayoría de los gatitos aprenden a usar un recipiente para sus necesidades copiando lo que hacen sus madres. Sin embargo, algunos pueden necesitar. A menudo, utilizan el recipiente después

de una comida, así que colóquelo suavemente en el recipiente después de alimentarlo o si lo ve olfateando, raspando o agazapado en un rincón.

Recipiente para las necesidades

Los gatos de interior y los que se quedan adentro de noche, necesitarán un recipiente para sus necesidades. Elija uno que sea lo suficientemente profundo como para que su gato no esparza los desechos cuando cava y lo suficientemente grande como para que pueda dar un giro completo. Algunos gatos aprecian un poco de privacidad, y un recipiente con techo y un filtro de carbón minimizarán los olores desagradables y los derrames. También existen recipientes descartables y los electrónicos con autolimpieza.

Arriba: *el pequeño recipiente de la izquierda es adecuado para un gatito. Los gatos adultos requieren un recipiente grande y profundo (derecha). Utilice un pala de plástico para remover la suciedad.*

Materiales absorbentes

Los materiales absorbentes para los recipientes pueden ser varios: gránulos de arcilla o gránulos comprimidos ya sea de madera o de papel reciclado. Los mejores se aglutinan cuando se mojan. Se remueven fácilmente con una palita y el resto del material queda limpio y seco. Si recibió el gato de otro hogar, averigüe qué tipo de material y recipiente utilizaba allí. Algunos gatos se negarán a utilizar un recipiente que no les agrada. Llene el recipiente hasta una profundidad de 5 a 8 cm y colóquelo en un lugar de fácil acceso, pero bien alejado de la zona de alimentación del gato.

Retire los excrementos sólidos regularmente y, una vez por semana, vacíe por completo el recipiente y lávelo con agua caliente y detergente. No utilice desinfectantes ya que algunos son tóxicos para los gatos y el olor los repele. Las mujeres embarazadas no deben manejar los desechos de los gatos por el riesgo de la toxoplasmosis.

Nunca deje a un gato en el interior sin un recipiente para sus necesidades. Si el gato tiene que retener la orina durante largos períodos, las bacterias se reproducirán en la orina retenida en la vejiga y esto puede provocar cistitis.

Para saber más

A Isaac Newton se le adjudica el invento de la puertita para el gato. Se dice que perforó dos agujeros en su puerta: uno para su gata y otro más pequeño para los gatitos.

Puertita para el gato

Una puertita para el gato, ubicada en la puerta que lleva al jardín, le brinda la libertad de ir y venir a su gusto. La mayoría tiene cuatro posibilidades: entrar solamente, salir solamente, cerrada y abierta. Algunos modelos se activan con un pequeño imán o

Derecha: *la mayoría de los gatos aprende rápidamente cómo usar una puertita para gatos y disfruta de la libertad que les otorga.*

llave que cuelga del collar del gato. Éstos permiten que sólo su gato pase. La única desventaja es que si la llave o el imán se pierde, su gato no podrá entrar.

Camas y materiales

Los gatos duermen en cualquier lugar, así que una cama no es estrictamente necesaria. Una caja de cartón cerrada, con un agujero en un costado y forrada con algún material blando resulta perfectamente adecuada y se puede descartar cuando se ensucie. Si esto no es suficiente para el querido minino, los comercios para mascotas venden toda clase de cómodas camas y mantas para gatos. Sin embargo, después de haber comprado una costosa cama, quizá descubra que su gato prefiere domir en la canasta de la ropa o sobre su suéter preferido.

Poste para rasguñar

Los gatos necesitan rasguñar superficies duras, para pulir las uñas y para depositar su olor. Los gatos de interior utilizan los muebles, las alfombras y el empapelado para este propósito, e incluso los gatos que tienen acceso a los árboles, rasguñan también adentro, posiblemente para sentirse seguros en su "guarida". Idealmente, debería enseñarle a su gato a utilizar un poste para rasguñar a temprana edad; los gatos adultos son más resistentes. Los comercios para mascotas ofrecen una variedad de postes para rasguñar o usted puede construir uno con un tronco largo con corteza sobre una base firme. Asegúrese de que el poste sea lo

Izquierda: *con toda comodidad. Esta cama tentadora tiene la forma ideal para que un gato se acurruque y se sienta tibio y seguro.*

Derecha: *un poste para rasguñar ayudará a mantener las uñas de su gato pulidas... ¡y sus muebles intactos!*

suficentemente alto como para permitir que su gato se estire por completo y lo suficientemente fuerte como para que pueda empujarlo; no lo usará si es demasiado bajo o se bambolea.

Collar

Existen distintos puntos de vista respecto del uso de collares ya que algunos gatos se estrangularon cuando los collares se les engancharon en la rama de un árbol. A veces, a un gato se le enreda la pata delantera en el collar y, cuando lucha para sacarla, el collar le corta la piel provocando heridas profundas. Si su gato necesita llevar un collar de identificación, asegúrese de que tenga una parte elastizada para que le salga por la cabeza si se queda enganchado en una rama. Mejor que estos son los que tienen una parte que se abre si se tira con fuerza del collar, permitiendo que el gato escape. También hay collares fluorescentes, diseñados para que los automovilistas los vean de noche.

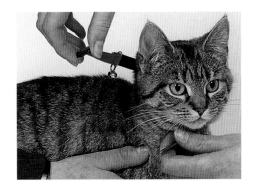

Derecha: *coloque el collar de manera que pueda introducir dos dedos abajo. No ahogará al gato, pero estará ajustado como para que no se salga.*

CAPÍTULO
CUATRO

Ahora se puede conseguir un collar especial, diseñado para proteger a los pájaros sin interferir en el instinto de caza natural.

Cuando el gato se arroja sobre el pájaro, se dispara una alarma audiovisual de un segundo en el collar, permitiendo que el pájaro escape. Es amenazador para los pájaros, aunque inofensivo para los gatos.

Elementos para acicalarlos

Para acicalar un gato pelicorto necesitará un peine de metal de dientes finos y quizás un cepillo suave. Para un gato pelilargo necesitará un cepillo de cerdas duras y un peine de dientes anchos y posiblemente un par de tijeras con punta roma para cortar los nudos del pelaje.

Equipo para acicalar

Un buen equipo para acicalar ayuda a mantener prolijos a los gatos pelicortos y pelilargos. No todos éstos son necesarios; para gatos pelicortos todo lo que necesita es un peine de metal. En el sentido de las agujas del reloj, desde arriba a la izquierda: cepillo de goma; cepillo de cerdas; cepillo suave; tijeras romas para cortar los nudos y enredos; peines con dientes finos o peines para pulgas; peine de metal con dientes anchos.

EL GATO BIEN ACICALADO

El acicalamiento debería formar parte de la rutina de su gato. A la mayoría de los gatos les agrada y tiene varios beneficios. Estimula la circulación, mejora el tono muscular y minimiza las bolas de pelos estomacales al remover los pelos sueltos. También le da la oportunidad de buscar pulgas, ácaros y garrapatas en las orejas, heridas y abscesos. El acicalamiento también es una experiencia placentera que estrecha los vínculos entre el gato y su dueño.

• Los gatos pelicortos se benefician con un acicalamiento semanal con un peine de metal de dientes finos y un cepillo de cerdas naturales o de goma para remover los pelos muertos.

• Los gatos con pelaje semilargo y las razas con pelaje afelpado deben acicalarse.

• Los Persas tienen pelo fino y largo, y se deben peinar y cepillar intensamente durante quince minutos diarios, de otro modo se les forman rápidamente nudos y enredos que les tiran de la piel y les provocan mucha incomodidad.

Un nido tapizado de piel

Cuando acicale a un gato pelilargo en primavera, no tire los pelos; colóquelos en pequeñas pilas en el jardín para que los pájaros se los lleven y los usen en sus nidos. Deje que su gato les haga un favor a los pájaros para variar.

CAPÍTULO
CUATRO

Acicalar a su gato

Utilice un peine con dientes anchos y espaciados que penetre bien en el pelaje. Peine siguiendo la línea natural del pelaje, luego utilice un cepillo de cerdas naturales para cepillar en dirección hacia la cabeza. Los nudos se deben deshacer suavemente con los dedos. Si es necesario, córtelos con cuidado con unas tijeras romas. Si le coloca a los pelilargos en el pelaje polvo para bebés sin perfume una vez por semana, no se les acumulará grasitud y podrá manejarlos mejor.

Si a su gato no le agrada que lo acicale, pruebe sosteniendo algo sabroso debajo de la nariz y acariciarlo con la otra mano. Háblele para tranquilizarlo, luego introduzca el peine y péinelo suavemente, un poco por vez, mientras está interesado en la comida.

Izquierda: *puede acicalar y acariciar al mismo tiempo a su gato utilizando un cepillo de goma flexible, con puntas como "dedos" que llegan a lo profundo de la piel que se encuentra bajo el pelaje.*

Abajo: *para remover enredos, colóqueles talco en polvo sin perfume, luego sepárelos suavemente con los dedos.*

Muy pronto se acostumbrará al proceso y comenzará a disfrutarlo. Si todo esto fracasa, acaríciclo con guantes de goma; esto removerá los pelos muertos sin provocarle demasiada alarma.

Bañar un gato

A menos que sea un gato de exposición, su gato deberá bañarse sólo cuando su pelaje esté muy sucio o contaminado con aceite. Utilice un poco de agua tibia y un champú para gatos o para bebés y enjuague bien. Envuelva al gato en una toalla caliente y frótelo suavemente. Manténgalo en una habitación cálida hasta que su pelaje esté completamente seco.

Derecha: *para que su gato luzca muy bien debe acicalarlo con regularidad.*

Cuidado de las uñas

Las uñas de un gato de exterior no necesitan cortes, pero las de los gatos de interior y los gatos mayores se deben cortar cada pocas semanas. Si están demasiado largas pueden crecer hacia adentro de las almohadillas, provocando dolor e infección. Su veterinario puede enseñarle cómo hacerlo. Presione la pata del gato entre el índice y el pulgar para inmovilizar la uña. Utilice un cortador de uñas para gatos o tijeras para uñas para humanos y recorte la punta transparente de la uña, evitando la parte inferior de la misma (la parte de la uña que contiene vasos sanguíneos y nervios; si sostiene la uña contra una luz intensa se ve como una línea roja).

CAPÍTULO
CUATRO

Identificación

Si un gato perdido o lastimado es encontrado, tendrá más posibilidades de volver a reunirse con su familia si tiene alguna forma de identificación. Puede obtener varias posibilidades.

Collar

Un collar que tenga una placa grabada con el nombre, dirección y número de teléfono del dueño muestra que el gato no es un vagabundo, sino que pertenece a alguien. Se recomienda un collar que se pueda sacar con facilidad, pero si éste se sale, el gato pierde su forma de identificación.

Tatuajes

En algunos países el método de identificación preferido es un tatuaje en el interior de la oreja. Un tatuaje se ve fácilmente, no se puede perder y es completamente seguro.

Microchip

Éste es un método confiable y permanente. Un veterinario implanta un diminuto microchip debajo de la piel, en la parte trasera del cogote del gato. El chip tiene un código de registro único, el cual se registra en una base de datos centralizada con los detalles del dueño. Si el gato es llevado a un cirujano veterinario o a un refugio para animales, se puede averiguar su código de identificación. Sus detalles aparecerán en la computadora y lo contactarán y le entregarán a su mascota (si se muda de casa, actualice sus detalles en la base de datos). Las desventajas del microchip son que no se puede ver a simple vista y es bastante costoso.

Izquierda: *el método de identificación para gatos con un microchip es indoloro y permanente.*

CUIDADOS PREVENTIVOS

La mayoría de los veterinarios le dicen a cualquier dueño de una mascota que "prevenir es mejor que curar". Para que su gato tenga una vida larga y saludable las siguientes áreas del cuidado veterinario deben ser atendidas con regularidad.

Vacunación

Como la cantidad de gatos mascotas (y mestizos) se incrementa, el mundo felino está cada vez más atestado. Su gato puede entrar en contacto con otros gatos en sus andanzas y corre el riesgo de exponerse a potenciales enfermedades infecciosas con peligro para su vida. Incluso los gatos de interior no están completamente a salvo ya que ciertos virus se pueden llevar al interior en los zapatos y la ropa. Por lo tanto es esencial tener a su gato vacunado contra el "gran árbol" de enfermedades virales: gripe del gato, enteritis felina y leucemia felina (además, en algunos países, rabias). Por el momento, no existe una vacuna contra el virus de inmunodeficiencia felina.

Para los gatitos, la vacunación primaria consiste en dos inyecciones, una a las nueve semanas y la segunda a las doce semanas. Si adopta un callejero o un gato de un centro de rescate, espere dos semanas antes de vacunarlo; si está incubando el virus de la gripe, la vacuna puede dañarlo. La inmunidad no es completa hasta dos semanas después de la segunda inyección, así que mantenga su gato adentro hasta ese momento. La vacunación no puede proteger contra una enfermedad una vez que se manifiesta.

Para mantener los niveles de inmunidad, se requiere una dosis de refuerzo cada doce a dieciocho meses. Algunos gatos se pueden sentir un poco mal después de la vacunación, pero a menos que los síntomas persistan durante más de dos días no hay necesidad de preocuparse. En los últimos años se descubrió que un pequeño porcentaje de gatos

CAPÍTULO CUATRO

se enfermó mucho al recibir dosis de refuerzo o desarrolló tumores malignos en el lugar donde lo inyectaron.

Este problema está asociado principalmente con las vacunas contra la rabia y la leucemia. Algunos veterinarios recomiendan que las dosis de refuerzo se apliquen una vez cada tres años, después de la dosis inicial del año, para reducir el riesgo de reacciones adversas. Sin embargo, esto está abierto al debate y el riesgo de que un gato desarrolle leucemia felina es más grande que el pequeño riesgo de los tumores en los lugares de inyección. Para su tranquilidad deberá discutir los pro y los contra con su veterinario.

Le entregarán un certificado, el cual deberá actualizar cuando le aplique las inyecciones anuales de refuerzo. Consérvelo en condiciones ya que lo necesitará si alguna vez deja su gato en una guardería.

Castración

El tema de los gatos mestizos o las mascotas no deseadas continúa siendo un problema creciente. A menos que críe gatos de linaje en forma profesional, la actitud más responsable es castrar a su gato. Un gato se puede castrar virtualmente a cualquier edad, pero idealmente debería realizarse antes de la pubertad, a los cinco o seis meses. La operación es simple, indolora y segura. En una hembra la castración consiste en quitar el útero y los ovarios. Para un macho, la castración consiste en quitar los testículos.

Para saber más

Una gata sin castrar puede tener cría tres veces al año, con más de seis gatitos en cada parición. ¡En cinco años podría ser responsable de más de 20.000 descendientes!

Gatos

Existen poderosas razones para castrar a su gato.

Además de tener gatitos no deseados, todos los machos tienen el hábito desagradable de "rociar", marcando su territorio con orina pungente, cuyo olor es muy difícil de eliminar. Los gatos se involucran en peleas nocturnas que despiertan a todo el vecindario. Estas peleas de gatos siempre dan por resultado heridas y abscesos, sin mencionar las infecciones con enfermedades felinas mortales. Los machos amorosos vagan y se alejan buscando hembras en celo y a menudo se pierden o los matan en los caminos. La castración prevendrá todos estos problemas, con la bonificación de que su gato será más cariñoso y estará más tranquilo.

Gatas

Existen razones igualmente poderosas para castrar a las gatas. Una hembra (reina) está en celo una vez cada tres semanas, durante ocho meses al año. Llorará de manera incesante y atraerá una multitud de ruidosos y olorientos pretendientes a su puerta. Mantenerla adentro para prevenir que se aparee incrementa la crueldad física y mental ya que sus necesidades biológicas se ven frustradas. Si se escapa, enfrentará los mismos peligros que un macho en busca de amor; y si se aparea con un macho que tiene una enfermedad felina seria, podría infectarse. Inevitablemente engendraría gatitos no deseados, a los cuales le costará encontrar hogar.

Arriba: *la edad ideal para castrar a un gatito es cuando tiene cinco o seis meses.*

Es una falacia que sea más amable permitir que una gata tenga una parición antes de que la castren. Esto no las hará más felices, ni vivirán más tiempo. En realidad, los tumores mamarios y las infecciones de útero son mucho más comunes en gatas que han tenido cría y algunas gatas que han tenido cría antes de ser castradas permanecieron melancólicas el resto de sus vidas.

Así es. La castración le facilita la vida a usted y a su mascota y puede sentirse orgulloso de haber hecho su parte para aliviar la tragedia de los animales no deseados.

CAPÍTULO
CUATRO

Control de pulgas

Todos los gatos pueden traer pulgas cuando salen al exterior . Para adelantarse al problema de las pulgas se requiere un ataque a dos puntas, un tratamiento tanto de su hogar como de su gato. Vea la página 111 para mayor información sobre prevención de pulgas.

Desparasitar

Una desparasitación regular liberará a su gato de potenciales gusanos intestinales (ver página 100). Los antiparasitarios vienen en tabletas, polvos, líquidos, gránulos y en pasta. Los productos más efectivos se consiguen en veterinarias. La frecuencia y la dosificación dependen del tipo de producto que se utilice. Como guía, los gatitos de dos a doce semanas deberían ser tratados por parásitos cada tres semanas. Trate los gatos adultos con parásitos y tenias cada tres a seis meses. Los parásitos se pueden contagiar de la madre a los gatitos durante la preñez y la alimentación. Consulte con su veterinario sobre un buen antiparasitario para gatas preñadas que no dañen a los gatitos.

A menudo, los gatos adquieren tenias al tragar pulgas infectadas con larvas de tenias mientras se acicalan, así que es vital un control efectivo de las pulgas.

Higiene dental

Los problemas de la encía y los dientes se producen en ocho de diez gatos mayores de tres años. Al igual que los humanos, los gatos acumulan placa bacteriana (una mezcla de restos de alimentos y bacterias) sobre sus dientes. Si no se controla, la placa se solidifica y forma cálculos o tártaro. Esto irrita las encías, provocando gingivitis (ver página 108), e incluso puede llevar a la pérdida de dientes. La bacteria también puede ingresar al torrente sanguíneo y dañar los riñones y otros órganos.

Cepillado de los dientes

Cepillar los dientes de su gato regularmente desde una edad temprana puede prevenir el desarrollo de problemas dentales. Su veterinario puede suministrarle un cepillo suave o un aplicador de goma y pasta dental para mascotas (no utilice pasta dental para humanos). No tiene que abrirle la boca para limpiarle los dientes; simplemente retire hacia atrás las encías. Para aquellos gatos a los que no les agrada que les toquen la boca se puede conseguir un gel para la higiene oral, que se le da directamente o mezclado con la comida. Estos contienen enzimas que inhiben la bacteria responsable de la formación de la placa. También existen mascadores dentales y dietas veterinarias secas que contienen materias fibrosas que ejercen una acción de cepillado sobre los dientes cuando el gato masca. Su gato también podrá limpiar los dientes y las encías si le da una vez por semana un trozo de carne dura para mascar.

Inspección dental

Revise con regularidad los dientes y las encías de su gato para ver si tiene señales de placa (una capa amarillenta o amarronada sobre los dientes) o las encías inflamadas. Llévelo a un veterinario que le descamará los dientes y le sacará cualquiera que esté suelto. Muchos gatos parecen rejuvenecidos después del tratamiento dental y pueden arreglárselas aun tras extraerles algunos dientes.

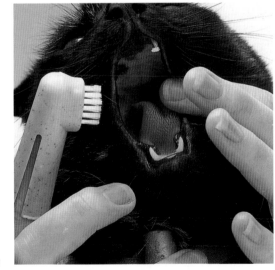

Derecha: *un cepillo de goma de cerdas suaves que se ajusta en su dedo es la forma más suave de acostumbrar a su gato al concepto de cepillarse los dientes.*

CAPÍTULO
CUATRO

ALIMENTAR A SU GATO

La dieta natural del gato (el ratón) le suministra todas las necesidades nutricionales en un envase limpio y conveniente. Contiene el setenta por ciento de agua, el catorce por ciento de proteínas, diez por ciento de grasa y uno por ciento de carbohidratos, más minerales vitales. El hígado está lleno de vitaminas y los huesos suministran calcio y alimentos difíciles de digerir.

Los fabricantes de alimentos para mascotas han reinventado el ratón, aproximándose a la misma fórmula y presentándola en una variedad interminable de formas y sabores. Los gatitos y los gatos maduros, los gatos gordos y los extravagantes, los gatos enfermos y los saludables, todos son alimentados con dietas especialmente formuladas para satisfacer sus necesidades individuales.

▌Alimentos húmedos

Los alimentos en lata se presentan en una amplia variedad de sabores y texturas, pero también varían en su calidad. Las marcas más económicas contienen una baja cantidad de proteínas y una elevada proporción de cereales. Esto significa que el gato debe comer grandes cantidades para mantenerse saludable. Elija siempre una marca de buena calidad con un nivel de proteínas del 80 %. Los alimentos en lata contienen 70-80 % de humedad, casi la misma cantidad que en una dieta de caza natural. La comida húmeda también se puede conseguir en envases para una sola comida. Mantenga las latas abiertas tapadas y refrigeradas, pero llévelas a la temperatura ambiente antes de servirla. A la mayoría de los gatos no les agrada el alimento congelado. La comida para perros no debe ser consumida por los gatos ya que contienen muy pocas proteínas y conservantes que pueden ser perjudiciales para ellos.

Para saber más

Los experimentos han mostrado que los gatos prefieren su comida a 30 °C (86 °F), la cual resulta ser la misma temperatura de una presa fresca.

Alimentos secos

Hay algunas ventajas en utilizar alimentos completamente secos. Contienen proteínas de alta calidad y el justo equilibrio de nutrientes, y a la mayoría de los gatos les resultan muy apetitosos. La textura crujiente también ayuda a mantener saludables los dientes del gato. Los alimentos secos son más concentrados y contienen más energía que los alimentos en lata, por lo tanto se requieren porciones más pequeñas. Esto significa que son más económicos que los alimentos en lata. Otra ventaja es que no se echan a perder, aun en un clima cálido, no hay mal olor y se puede dejar el alimento durante todo el día para que su gato elija a qué hora comer (para evitar una sobrealimentación la cantidad recomendada en el envase se debe medir adecuadamente).

Cuando compre alimentos secos, busque la palabra "completo" en la etiqueta. Los alimentos "complementarios" son bocadillos y no se deben servir con regularidad.

CAPÍTULO
CUATRO

Para saber más

Un gato adulto requiere cuarenta nutrientes diferentes de su alimento. También necesita el doble de proteínas que un perro.

Las marcas que se venden en los supermercados son perfectamente adecuadas, pero las marcas de calidad superior y las dietas especialmente indicadas sólo se pueden conseguir en las veterinarias y comercios para mascotas. Al igual que los alimentos en lata, los alimentos secos se presentan en diferentes formulaciones adecuadas para la edad de su gato, por ejemplo, para gatitos, gatos adultos y gatos mayores. Si cambia de una dieta en lata a una seca, introduzca el nuevo alimento en forma gradual durante un período de cinco a diez días.

Al principio, las dietas secas contenían niveles elevados de magnesio, lo cual produce que el pH de la orina sea muy alcalino y esto provocaba una enfermedad en el tracto urinario de los gatos. Esto ya no sucede y los alimentos secos son perfectamente seguros en lo que a esto respecta. Sin embargo, los alimentos secos contienen sólo el diez por ciento de humedad, así que siempre debe haber abundante agua al alcance del gato. Si esto no es así, la orina del gato se reduce en cantidad y es más concentrada, aumentando el riesgo de problemas urinarios. Si no está muy seguro de qué hacer, la solución es que adopte una dieta mezclada: un día comida en lata y al siguiente alimento seco.

Suplementos y golosinas

Los gatos que reciben una dieta bien equilibrada no necesitan suplementos de vitaminas o minerales. En realidad, un exceso puede ser perjudicial. Las golosinas para gatos tampoco son estrictamente necesarias. Si comen demasiadas, pueden tener sobrepeso.

Alimentos frescos

A su gato quizá le guste de vez en cuando un poco de carne o pescado fresco. Aliméntelo con carne magra, picada (el cerdo siempre debe estar cocinado) o pescado apenas cocinado, como el abadejo. Retire siempre los huesos de las aves y el pescado ya que se astillan y los trozos puntiagudos pueden lastimarle la garganta al gato. A algunos gatos les gusta morder huesos grandes cocinados, como los de cordero, y esto les permite ejercitar los dientes y las encías y el instinto natural de "cazador". El hígado es el preferido de los gatos, pero se les debe dar una porción de 50 gramos por semana. El hígado es rico en vitamina A, la cual es esencial para la salud, pero un exceso de esta vitamina puede provocar una seria enfermedad a los huesos. El hígado también contiene una elevada cantidad de magnesio, el cual puede provocar problemas en el tracto urinario.

El atún y las sardinas en lata son comidas rápidas, convenientes y muy nutritivas. A algunos gatos les gusta el queso, el yogur y los huevos revueltos, y las comidas pueden complementarse con un poco de arroz cocido, pastas, papas o verduras verdes cocidas.

No a las verduras

Por favor no intente alimentar a su gato con una dieta vegetariana. Los gatos son carnívoros obligados, lo cual significa que deben comer carne para sobrevivir. A diferencia de los perros, los gatos no son capaces de producir ciertos nutrientes esenciales en sus cuerpos, por lo tanto es imprescindible que estén presentes en la dieta del gato. El más importante de estos nutrientes es un aminoácido llamado taurino, que sólo se encuentra en los tejidos animales. La falta de taurino en la dieta puede provocar ceguera, problemas cardíacos y eventualmente la muerte. El vegetarianismo es plausible, pero imponer sus creencias alimenticias a su gato es cruel e irresponsable. ¡En lugar de eso tenga un conejo!

CAPÍTULO
CUATRO

Leche

Contrariamente a la creencia popular, los gatos no necesitan leche una vez que fueron destetados. Algunos gatos, los Siameses y otras razas orientales, no pueden digerir la lactosa (el azúcar de la leche de vaca) y esto provoca diarrea. Ahora se pueden conseguir leches especiales para felinos con bajo contenido de lactosa.

Agua

Asegúrese de que su gato tenga siempre agua fresca para beber. Si bebe con frecuencia mantendrá sus riñones saludables y lo ayudará a reducir el riesgo de la enfermedad del tracto urinario felino (FLUTD). Los alimentos en lata contienen más del ochenta por ciento de humedad y le brindarán la mayor parte de las necesidades diarias del gato. Sin embargo, un gato que recibe una dieta seca, es mayor, tiene una enfermedad en los riñones o está todo el día en casa, tendrá una

Arriba: *¡el gato se quedó con la crema! Los gatos son criaturas perversas y parecen disfrutar más de una comida mendigada, robada o cazada.*

Pasto

Ocasionalmente, los gatos mordisquean el pasto, probablemente como una forma de obtener humedad y valiosas vitaminas. El pasto también es un vomitivo natural y ayuda a eliminar las bolas de pelo del estómago. Para los gatos que no tienen acceso al pasto, los comercios para mascotas venden unas bandejas con semillas de pasto, que pueden germinar en el antepecho de la ventana. Con esto dejarán de mordisquear las plantas de la casa, algunas de las cuales son venenosas para los gatos.

mayor necesidad de agua. Es muy común que los gatos ignoren su recipiente de agua y beban de algún charco del jardín. Otros parecen disfrutan al lamer de las canillas que gotean o en el inodoro. Sirva el agua en un recipiente grande, preferentemente de cerámica. Los gatos son sensibles a los químicos del agua de la canilla, así que déjala reposar un poco antes de servirla.

¿Cuánto? ¿Con qué frecuencia?

Las necesidades alimenticias de su gato variarán de acuerdo con la edad, la salud, el temperamento y los niveles de actividad. Siga las instrucciones de la lata o el paquete, pero sea flexible.

Gatas preñadas o lactantes

Una gata preñada necesita comida y nutrientes extras para estimular el desarrollo de los gatitos antes del nacimiento y ayudar a la producción de leche posterior. Durante las tres últimas semanas de gestación, necesitará el doble de la ingesta normal de alimento y por lo menos tres veces más cuando esté alimentando a sus pequeños. También necesitará líquidos extra para reemplazar los que pierde a través de la producción de leche. Continúe con la alimentación extra hasta que los gatitos estén destetados (a las seis u ocho semanas). Luego redúzcala en forma gradual hasta que ingiera nuevamente la cantidad de alimento normal.

CAPÍTULO
CUATRO

Gatitos

A las tres o cuatro semanas los gatitos ya se pueden destetar en forma gradual y pasar a comida sólida mientras aún reciben la leche de sus madres. Comience con pequeñas porciones de pescado hervido, pollo finamente picado, huevos revueltos y comida para bebés. A las ocho semanas ya deberían estar completamente destetados y comiendo felizmente alimentos sólidos. Los gatitos crecen rápidamente y desgastan mucha energía jugando. Necesitan una gran ingesta de alimentos, pero tienen los estómagos pequeños, por lo que requieren pequeñas porciones, con elevados índices de energía, con intervalos cortos. A las ocho semanas, un gatito necesita una cucharada de postre de comida cinco a seis veces por día. Aumente en forma gradual el tamaño de las porciones a dos cucharadas de mesa por comida y reduzca la frecuencia a cuatro veces por día a los seis meses, cuando ya puede recibir porciones de adulto dos o tres veces por día.

La comida para gatos adultos es demasiado fuerte para los gatitos y les puede provocar diarrea. Aliméntelos con comida especialmente formulada para gatitos. Se puede conseguir en lata y seca; rica en proteínas, nutrientes y energía, y la pueden ingerir en porciones para gatitos que les brinden toda la nutrición que necesitan durante esta importante etapa del crecimiento.

Adultos

Un gato adulto promedio (de alrededor de nueve meses) necesita de media a tres cuartos de lata de alimento por día. Si le está dando alimento seco, siga las instrucciones del envase. En la naturaleza, los gatos prefieren comer poco y a menudo y, si usted está en casa durante el día, debe permitir que su mascota lo haga. Darles varias raciones pequeñas, espaciadas durante todo el día, ayuda a mantener el equilibrio del pH urinario del gato, reduciendo el riesgo de la enfermedad del tracto urinario felino inferior (FLUTD). Cuidado con la sobrealimentación. Mantenga la ración diaria del gato y divídala en porciones pequeñas. Si no está en casa durante el día, alimente a su gato a la mañana y al atardecer o deje un recipiente con alimento seco para que su gato pueda comer a voluntad.

Cuidado del peso

Los gatos obesos son cada vez más. Mientras que algunos gatos bien alimentados "cenan afuera", (pretendiendo ser pobres gatos callejeros hambrientos y pidiendo comida a los vecinos amables), la mayoría come razonablemente. En la mayoría de los casos, somos nosotros, los dueños, los culpables de esos gatos rechonchos. Si insistimos en ofrecerles esas irresistibles golosinas entre comidas, ¿qué gato que se respete las va a rechazar? Pero podemos estar matando con la amabilidad, porque los gatos obesos son propensos a desarrollar diabetes, problemas respiratorios y cardíacos, cálculos en la vesícula y artritis.

Si no puede sentir las costillas de su gato cuando lo acaricia o si tiene una bolsa de grasa que se mueve entre sus patas traseras cuando camina, consulte al veterinario para verificar que no exista alguna razón de salud subyacente, como una tiroides con baja actividad. De otro modo, es el momento de una dieta. Su veterinario le prescribirá una dieta para bajar de peso, la cual le brinde todos los nutrientes que su gato necesita para estar saludable mientras reduce el contenido de calorías. Introduzca el nuevo alimento en forma gradual, mezclándola con la comida normal del gato.

Tenga paciencia. Un gato obeso quema menos energía, así que necesita menos comida para estar obeso que un gato delgado para permanecer delgado. Puede pasar mucho tiempo para que pierda el peso aumentado y es muy fácil ceder cuando uno ve esos grandes ojos suplicantes. Por supuesto, siempre es más fácil prevenir que curar. Si comienza con buenos hábitos alimenticios desde una edad temprana y hace que su gato realice mucho ejercicio, se mantendrá delgado y en buen estado.

CAPÍTULO
CUATRO

MANTENER A SU GATO A SALVO

Nuestras casas y jardines están llenos de potenciales peligros para un gatito juguetón y curioso, y los gatos adultos también se pueden meter en líos. Sin ser demasiado protector, debe estar atento a los potenciales peligros, igual que lo haría con un niño. Algunas precauciones de sentido común pueden prevenir serios accidentes.

Peligros en el interior

• Verifique el lavarropas y la secadora de ropa antes de encenderlas. A los gatos les atraen estas "cuevas" cálidas y oscuras y pueden treparse fácilmente sin que nadie lo advierta.

• Revise las alacenas, cajones, hornos, hornos de microondas, heladeras y congeladores antes de cerrarlos.

• Nunca le administre remedios destinados para uso humano a su gato.

• Evite utilizar desinfectantes que contengan fenoles o creosoles en la casa ya que son tóxicos para los gatos.

• Si vive en un departamento, coloque protectores de balcones y ventanas para que su gato pueda disfrutar del aire fresco con seguridad. Los gatos jóvenes se pueden caer cuando van detrás de un insecto o un pájaro. Un entusiasta de "hágalo usted mismo", puede fabricar uno con madera y alambre o puede comprar un equipo para protección de balcones.

• No deje agujas e hilos por allí. A los gatos les encanta tragárselos y el resultado puede ser catastrófico si el hilo se enreda en los intestinos o la aguja pincha el estómago.

• Mantenga los cables eléctricos fuera del alcance de los gatitos ya que pueden masticarlos. Desenchufe los artefactos cuando no los use.

• Elimine de la casa las plantas que sean venenosas, como la poinsettia, la hiedra y la azalea. La mayoría de los gatos adultos las ignorarán, pero los gatitos son susceptibles a morder cualquier cosa.

• Mantenga a los gatos fuera de la cocina cuando esté cocinando. A menudo los accidentes suceden cuando una cocinera ocupada, que lleva un líquido caliente, tropieza con un pequeño animal que se desplaza por la cocina. Asegúrese de que las asas de las cacerolas no sobresalgan del borde de la cocina.

• Esté atento a la hora del baño: un gato se puede caer en una bañera con agua caliente o puede ser empujado por un niño.

• Cultive el hábito de mirar antes de retroceder, sentarse o cerrar una puerta. Como los gatitos son tan rápidos y pequeños, es posible que los pisen accidentalmente.

Arriba: *algunas plantas pueden representar un peligro para los gatitos.*

▍Peligros en el exterior

• Nunca deje encerrado a su gato afuera durante la noche. Instale una puertita para que pueda entrar o salir cuando le plazca.

• Revise los tinglados del jardín y los garajes antes de cerrarlos para verificar que su gato (o el de un vecino) no haya entrado sin ser visto.

• El anticongelante, el aceite y la nafta son muy tóxicos, y los gatos pueden ingerirlos al lamerse las patas. ¡Mantenga el garaje limpio!

• Cubra las piscinas, los estanques y los desagües pluviales con red.

• Mantenga a su gato alejado de las zonas que hayan sido rociadas con pesticidas o que hayan sido pintadas con preservadores de la madera. Incluso las pequeñas cantidades son dañinas si las tragan cuando se acicalan o las absorben por la piel.

• Tenga el hábito de revisar debajo del automóvil o debajo de la cubierta del motor antes de encenderlo. A menudo los gatos usan el automóvil como refugio y pueden ser arrollados o quedar atrapados en el motor por accidente.

• La exposición repetida al sol puede provocar cáncer de la piel de la nariz o las puntas de las orejas, un problema particular de los gatos blancos. Un poco de protector solar lo protegerá en los días soleados. (Los gatos que se sientan en el interior de una ventana soleada están a salvo de los rayos ultravioletas.)

CAPÍTULO
CUATRO

• Mantenga a su gato adentro en determinadas festividades. Los fuegos artificiales que explotan aterrorizan a los gatos y pueden escapar corriendo y perderse o lastimarse. También pueden convertirse en víctimas de un accidente o de una travesura cruel.

Sustancias venenosas

En general, los gatos son cuidadosos con lo que comen y es improbable que consuman sustancias venenosas. La mayoría de los casos de envenenamiento son provocados cuando se le administran productos contra las pulgas en forma errónea o remedios que son para uso humano. Los gatos no pueden metabolizar ciertos componentes que son inocuos para otros animales; incluso un calmante para los dolores, como la aspirina, puede provocarles vómitos, diarrea, convulsiones y daños en el hígado. Un gato también puede ingerir veneno si se lame la pata o el pelaje después de haberse contaminado con químicos hogareños o para el jardín, así que siempre tenga cuidado cuando los utilice. Los gatos que cazan pueden ingerir sin saberlo peligrosas cantidades de veneno para ratas al comer un roedor que tenga el cebo en el estómago y el resultado puede ser fatal.

Los signos de envenenamiento dependen de la sustancia ingerida, pero incluyen vómitos y diarrea severos, pérdida de equilibrio, contracciones musculares, babeo, convulsiones y colapso.

Mantenga al gato en una habitación tranquila y oscura y busque ayuda de un veterinario con urgencia.

Izquierda: *no es aconsejable permitir que los gatos jóvenes jueguen en la cocina, donde asechan muchos peligros.*

¿Adentro o afuera?

Los gatos tienen un rasgo salvaje, e idealmente deberían dejarlos expresar sus instintos naturales de marcar territorios, trepar árboles, cazar presas, socializarse con otros gatos y dormitar al sol. Sin embargo, no vivimos en un mundo ideal, y un gato de exterior corre el riesgo de contagiarse enfermedades y parásitos, perderse o que lo roben y lastimarse o que lo maten en un camino. Brindarle al gato el acceso al exterior o mantenerlo en forma permanente adentro es un dilema que enfrentan todos los dueños de gatos. Para tomar una decisión debe considerar el medio ambiente en el que usted vive, su estilo de vida y el carácter y edad de su gato. También tenga en cuenta que una vez que un gato tuvo la libertad del exterior se resentirá al ser confinado al interior y puede desarrollar problemas de comportamiento, así que decídase rápido y mantenga esa decisión.

Arriba: *los gatos son adeptos a trepar árboles. Sin embargo, no son tan buenos para volver a bajar.*

El gato de exterior

Si tiene un jardín y vive en una zona tranquila, quizá sea seguro instalar una puertita para que su gato entre y salga durante el día. Idealmente, la puertita se debe poder cerrar para mantener a su mascota adentro durante la noche, a salvo de los peligros del tránsito y los ladrones de gatos. Si cree que el libre acceso es muy arriesgado, puede construir un corredor largo para su gato en el jardín, preferentemente unido a la casa por una puertita o una ventana. Esto le brindará a su gato seguridad y acceso al aire fresco y el sol. El corredor debe tener una sección cálida, a prueba de la intemperie y debe estar colocado mitad al sol y mitad a la sombra. Equípelo con un trozo de tronco de árbol o

CAPÍTULO
CUATRO

una estructura para trepar, para que pueda rasguñar y trepar, un poco de pasto, una planta de calamento y, por supuesto, una bandeja para las necesidades y un recipiente con agua, y su gato estará tan feliz como un niño en el parque. Se pueden dejar crecer plantas trepadoras en la malla de alambre para que el corredor sea más agradable a la vista.

Alternativamente puede convertir su jardín a "prueba de gatos", en un gran corredor del gato, cerrándolo con una cerca alta curvada hacia adentro en la parte superior, construida con una malla de alambre sostenida con soportes angulares para que el gato no pueda escalarla. Esto tiene la ventaja de mantener alejados a los felinos intrusos.

Gatos de interior

Si vive en un departamento o cerca de un camino muy transitado, sea prudente y mantenga a su gato adentro, en especial si es joven (los gatos jóvenes tienen más probabilidades de perderse y correr hacia un camino, mientras que los gatos adultos desarrollan un "sentido de las calles"). Obviamente no es conveniente dejar un gato vivaz y enérgico adentro mientras uno está todo el día afuera trabajando. Pero si elige el gato correcto (por ejemplo, un gatito que no tenga experiencia en el exterior, un gato mayor o una raza tranquila, a la que le agrade el hogar, como un Persa) y puede brindarle compañía, ejercicios y un medio ambiente estimulante, entonces no tendrá problemas.

Tendrá que darle a su gato de interior una gran cantidad de juguetes, un poste para rasguñar (¡si aprecia sus muebles!), e idealmente una estructura para trepar. A los gatos de exterior les gusta mordisquear el pasto y beber de los charcos. Como su gato de interior no tendrá acceso a estas cosas deberá darle mucha agua fresca y una bandeja con semillas de pasto (la puede conseguir en un comercio para mascotas) para ayudar a la digestión y a eliminar las bolas de pelo.

El juego es una parte muy importante en la vida de un gato ya sea pequeño o adulto. Si juega con su mascota veinte minutos por día, le brindará un estímulo mental y físico y fortalecerá el vínculo entre ambos. El ejercicio es especialmente importante para los gatos de interior, para que puedan canalizar toda la energía que normalmente

JUEGO Y EJERCICIO

utilizarían en patrullar su territorio y en cazar una presa. Los gatos de interior inactivos se pueden convertir en aburridos, letárgicos y con sobrepeso, y pueden expresar sus frustraciones a través de problemas de comportamiento.

Juegos

Cualquier cosa que se mueva atrae a un gato ya que le brinda la oportunidad de mejorar sus habilidades de cazador. Nada le gusta más que perseguir un trozo de cuerda por el piso o que cuelgue tentadoramente en el aire, e incluso acechará un rayo de luz que se mueva sobre una pared. Juegue al "gato y el ratón" con su gato, moviendo un juguete de manera impredecible y deteniéndolo repentinamente. Déjelo abalanzarse, atrapar y "matar" al juguete antes de volver a moverlo.

Estructuras para trepar

Una estructura para trepar con varios niveles puede ser muy terapéutica para los gatos de interior. Les ofrecen a los gatos la oportunidad de estirarse,

Izquierda: *el juego es una parte vital del proceso de crecimiento del gato. Tonifica la mente y también los músculos, y ayuda a aliviar el aburrimiento.*

**CAPÍTULO
CUATRO**

trepar, rasguñar y disfrutar de puntos elevados
desde los cuales pueden observar su mundo,
como lo harían en la naturaleza.

▌ Diversión casera

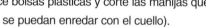

Los comercios para mascotas ofrecen toda
clase de juguetes sofisticados para gatos, pero
los gatos no son exigentes y se divertirán
con simples juguetes caseros.
La clave es la variedad. Los
gatos se aburren con un
juguete en especial después de un
tiempo, así que es una buena idea
tener unos cuantos en una caja y
darle uno o dos por vez.

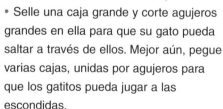

• Su gato disfrutará jugando al
"fútbol" con una pelota de
ping-pong o una pelota de
papel o de papel de aluminio.
• Dele una bolsa de papel grande para que se
sumerja o la rompa (no utilice bolsas plásticas y corte las manijas que

se puedan enredar con el cuello).
• Selle una caja grande y corte agujeros
grandes en ella para que su gato pueda
saltar a través de ellos. Mejor aún, pegue
varias cajas, unidas por agujeros para
que los gatitos pueda jugar a las
escondidas.
   ¿Tiene a mano aguja e hilo? Prepare una
almohadilla o un pequeño saco de tela
relleno con calamento seco, una hierba que

les encanta a los gatos.

• Prepare una caña de pescar con una varilla, un trozo de cuerda y un puñado de plumas o un papel arrugado en la punta de la cuerda.

• Haga que la hora de la cena sea más divertida agitando pepitas de alimento seco en el piso de la cocina para que su gato las persiga y las coma.

▌ Los años otoñales

Actualmente, los gatos viven vidas más prolongadas y saludables que en el pasado. Gracias a los avances de la medicina veterinaria, una mejor nutrición y vacunas efectivas, el promedio de vida de un gato se puede extender hasta los veinte años. Los gatos envejecen graciosamente y usted puede hacer mucho para asegurarle una feliz y saludable "jubilación" a su leal compañero.

Un gato de doce años se puede considerar un pensionado ya que su edad equivale a los setenta años de una persona. Cuando envejezca comenzará a andar más lento y pasará más tiempo durmiendo en un lugar cálido. La audición y la vista se deterioran gradualmente y las articulaciones se endurecen un poco. El pelaje pierde algo de su antigua gloria y sus ojos un poco de su brillo.

Quizá advierta que está más delgado; también sentirá más el frío, así que prepárele un lugar cálido en la casa. Si se muestra renuente a salir los días fríos, prepárele una bandeja para sus necesidades en el interior.

Para saber más

Cuando sostenga un gato alzado colóquelo cerca de su cuerpo con una mano debajo del pecho, entre las patas delanteras, y la otra mano sosteniendo las patas de atrás, soportando el peso. Nunca lo levante del pellejo o del cuello, puede provacrle serios daños. Enseñe a los niños cómo manejar su mascota, porque si el gato se siente oprimido tratará de librarse y puede traer malas consecuencias.

CAPÍTULO CUATRO

Un gato muy viejo puede desarrollar senilidad y deberá mantenerse seguro en todo momento. Si se siente confundido puede vagar y perderse o encontrar un lugar tranquilo para morir y usted se sentirá perturbado al no saber qué le sucedió a su gato.

Alimentación

Cuando los gatos envejecen, son menos capaces de digerir las proteínas y grasas de sus dietas y necesitan ingerir más comida para satisfacer los requerimientos de energía diarios. Servirle raciones pequeñas varias veces por día es mejor que dos comidas importantes. Puede comprar comida para gatos "mayores" que contiene proteínas de buena calidad y grasa extra para compensar la función digestiva reducida. Las sardinas en aceite previenen la constipación, una condición a la que son propensos los gatos mayores. Los alimentos frescos, como el conejo, el pollo y el pescado, con nutritivos y de fácil digestión.

Cuidado de la salud

Son aconsejables los controles veterinarios regulares cada nueve meses, teniendo en cuenta el estado de salud del gato, para que cualquier problema de salud pueda ser advertido y tratado a tiempo. Por ejemplo, el daño progresivo del riñón es común en los gatos mayores y es irreversible, pero si es diagnosticado a tiempo, es posible extender la vida de un gato con medicación y una dieta baja en proteínas. Los siguientes son indicadores de serios problemas de salud:

• Un aumento de la sed y la orina es una señal segura de problemas en el hígado o en el riñón o de diabetes.

• El mal aliento y la renuencia a comer pueden indicar gingivitis, una enfermedad en el riñón o ambas. Revise los dientes y las encías para ver si tiene placa

¿Qué edad tiene su gato?

La creencia popular es que un año de vida del gato equivale a siete años humanos. Para una comparación más adecuada vea la tabla de abajo. Los gatitos maduran más rápido que los niños, pero se desarrollan con más lentitud después de los dos años.

Años gatunos	Años humanos
1	15
2	25
4	40
7	50
10	60
15	75
20	100

amarilla o marrón, las encías inflamadas o úlceras
en la boca.

• La dificultad para orinar indica cistitis o
enfermedad del tracto urinario felino.

La cortina final

Cuando uno quiere mucho a un animal, es natural
querer mantenerlo vivo a cualquier costo. Pero si su
gato tiene una condición que no se puede tratar y
está sufriendo un gran dolor o angustia, debe considerar el ponerlo a
dormir para siempre. No es algo fácil de hacer y el dolor está compuesto
inevitablemente por sentimientos de culpa. Pero recuerde que la última
amabilidad que le puede ofrecer a su amado compañero es morir con
dignidad.

El veterinario le administrará una sobredosis medida de anestésico y su
gato dormirá rápidamente un sueño permanente y sin dolor. Algunos
dueños eligen cremar a sus mascotas y conservar las cenizas en un
recipiente especial. Otros eligen enterrar a su mascota en el jardín.

Es natural sufrir por la muerte de una mascota muy querida,
y no debe sentirse incómodo al hacerlo. Pueden pasar meses,
incluso años hasta que pueda pensar en su gato sin sentir
angustia y dolor. Se quedó con un vacío con forma
de gato en su vida, pero con muchos recuerdos
adorables para atesorar.

Para saber más

Puss, un gato tabby de
Inglaterra es el gato
conocido más viejo del
mundo. Murió en 1939, al
día siguiente de su
cumpleaños número 36.

CAPÍTULO CINCO

La salud del gato

Pregúntele a cualquier madre. Un bebé enfermo que no puede decir qué le sucede es una verdadera preocupación y lo mismo sucede con una mascota enferma. Esta sección está dedicada a algunas de las dolencias más comunes de los gatos. Le indica qué signos debe observar, qué acciones debe realizar y cómo ayudar a su gato en el camino de su recuperación.

Si su gato muestra cualquier signo de enfermedad o algún comportamiento inusual que le preocupe, debe llevarlo de inmediato al veterinario. No pierda tiempo. Es mejor estar seguro que preocupado y un diagnóstico temprano significa menos sufrimiento para su mascota y una mejor oportunidad de recuperación si la enfermedad o la lesión se convierte en algo serio.

A menudo, un cambio en el comportamiento es la primera señal de un problema de salud. Un gato normalmente activo, con buen apetito, se mostrará deprimido y letárgico y se negará a comer. El problema puede ser tan simple como parásitos, una bola de pelo o constipación, pero puede ser una señal de alarma de algo más serio, así que hágalo revisar y pida el consejo de su veterinario.

CAPÍTULO
CINCO

LOS SIGNOS DE ENFERMEDAD

Es importante reconocer cuándo su gato no se siente bien y cuándo un problema es potencialmente serio para conseguir ayuda veterinaria rápidamente. Este cuadro lo ayudará a identificar la posible causa de la enfermedad de su gato, pero es sólo una guía. A menudo, un síntoma puede tener más de una causa y un diagnóstico adecuado sólo lo puede realizar un veterinario calificado.

Síntomas	Causa posible
• Vómitos	
El gato vomita una bola de pelo con forma de salchicha.	Bola de pelo (pág. 99)
Vómito leve. Ningún otro síntoma.	Descompostura estomacal; parásitos (pág. 100); intolerancia a la leche.
Líquido amarillo o marrón, acompañado por diarrea, letargo.	Enteritis felina (pág. 103); envenenamiento (pág. 125)
• Comida y bebida	
El gato parece sediento, pero se niega a beber.	Enteritis felina infecciosa (pág. 103)
Sed excesiva.	Enfermedad renal (pág. 118); leucemia felina (pág. 94); diabetes (pág. 104)
El gato parece hambriento, pero sólo come pequeñas porciones.	Bola de pelo (pág. 99)
• Peso	
Pérdida de peso repentina y aumento de la sed y la orina.	Enfermedad del riñón (pág 118)
Pérdida de peso gradual, aumento de apetito y de sed, hiperactividad.	Hipertiroidismo (pág. 96)
El abdomen aparece distendido, pero la parte trasera está delgada.	Peritonitis felina infecciosa (pág. 102); tumor
• Ojos	
Tercer párpado visible.	Signo general de enfermedad (pág. 102); parásitos.
Mucosidad clara o espesa, estornudos, letargo, inapetencia.	Gripe del gato (pág. 109); sinusitis
Párpados rojos y doloridos, mucosidad.	Conjuntivitis (pág. 105); clamidiosis (pág. 105); entropión (pág. 105)

Síntomas	Causa posible
• Orejas	
Rascado persistente, sacudir la cabeza, cera marrón en el canal auditivo.	Ácaros en las orejas (pág. 107); úlcera en las orejas.
Ampolla de sangre grande en el pabellón de la oreja,	Hematoma (pág. 107)
• Boca	
Babeo; encías inflamadas; tártaro marrón en dientes; dificultad al comer.	Gingivitis (pág. 108)
Babeo; renuencia a comer; golpes en la boca; dificultad al respirar.	Algo atascado en la boca (pág. 126); envenenamiento (pág. 125); gripe (109)
Encías anormalmente pálidas.	Anemia (pág. 94); si el gato está herido puede ser del susto (pág. 125)
Gingivitis crónica, pérdida de peso e infecciones recurrentes.	Virus de inmunodeficiencia felino (VIF) (pág. 95)
• Nariz	
Estornudos	Gripe del gato (pág. 109); alergia; semilla de pasto en la nariz; sinusitis
La nariz está húmeda; estornudos; letargo; falta de apetito.	Gripe del gato (pág. 109)
• Piel y pelaje	
Sectores sin pelo y pelos rotos.	Tiña (pág. 116); enfermedad hormonal.
Inflamación severa; posiblemente con exudación de pus; depresión del gato; renuencia a comer.	Absceso (pág. 116)
Inflamación pequeña, con forma de poroto blanquecina o verdosa, el gato parece normal.	Garrapatas (pág. 114)
Comezón, presencia de diminutas manchas negras en el pelaje.	Pulgas (pág. 111)
Lesiones rosadas en la piel.	Alergia a las pulgas (pág. 115)
• Zona anal	
Lamido persistente de la zona anal.	FLUTD (pág. 118)
Ensuciarse con las heces.	Diarrea (pág. 98)
"Granos de arroz blancos" visibles en el pelaje de alrededor del ano o en las deposiciones.	Tapeworm (p.100)

CAPÍTULO
CINCO

ENFERMEDADES SANGUÍNEAS Y GLANDULARES

Anemia

Ésta no es una enfermedad en sí misma, sino un problema subyascente en el cual están reducidos la cantidad de glóbulos rojos circulantes y/o la cantidad de hemoglobina, y la cantidad de oxígeno que lleva la sangre. Existen tres razones principales por las cuales se produce esto:

• Reducida producción de glóbulos rojos debida a envenenamiento, enfermedad crónica del riñón o leucemia felina.

• Destrucción de glóbulos rojos debida a una anemia felina infecciosa.

• Pérdida de sangre debida a una lesión interna o externa, una úlcera o un tumor sangrante, una infección crónica de parásitos que succionen sangre o ingestión de warfarin, un raticida que evita la coagulación sanguínea.

• **Síntomas**: incluyen desaliento, letargo, membranas de los ojos y la boca pálidas y pérdida de apetito. A menudo, los gatos anémicos comen tierra u otros materiales no naturales.

Tratamiento: consulte a un veterinario de inmediato si advierte cualquier síntoma de anemia. Un análisis de sangre confirmará el diagnóstico. El tratamiento dependerá de la causa.

Virus de leucemia felina

A menudo este virus mortal aparece en el sistema inmunológico de los gatos, bajando su resistencia a otras infecciones. Es contagioso y se disemina a través de la saliva o la sangre de los gatos, generalmente cuando pelean, copulan o se acicalan mutuamente. También se puede transmitir a los gatitos en la panza o por medio de la leche de la madre.

Los gatos jóvenes son más susceptibles a la infección, aunque el período de incubación de la enfermedad puede ser de tres años. Algunos gatos contraen el virus y desarrollan una inmunidad. Una pequeña cantidad se convierten en portadores asintomáticos. Los menos afortunados desarrollan los síntomas relacionados con el virus de la leucemia felina.

• **Síntomas**: estos incluyen escaso apetito, pérdida de peso, anemia, fiebre intermitente, dificultades en la respiración y ganglios linfáticos agrandados. Algunos gatos desarrollan tumores malignos.

Tratamiento: no existe cura para el virus de la leucemia felina. Si su gato tiene anemia o sufre de infecciones recurrentes deberían realizarle un análisis específico. Si el resultado es positivo, debe ser aislado de otros gatos hasta que le vuelvan a realizar otro análisis. Si este segundo resultado es negativo, es porque desarrolló inmunidad. Si continúa siendo positivo, pero no muestra ningún síntoma, no hay razón por la que no pueda vivir muchos años, pero aún alberga el virus y puede infectar a otros gatos, así que debe ser aislado. El virus muere rápidamente afuera del cuerpo y los desinfectantes lo matan fácilmente. Existe una vacuna muy efectiva para este virus, pero es aconsejable realizar primero un análisis de sangre para determinar si el gato ya está infectado. A cualquier gato nuevo que llegue a la casa se le debería realizar un análisis para asegurarse de que no es un portador.

Virus de inmunodeficiencia felina

El virus de inmunodeficiencia felina es similar al HIV, la causa del SIDA en las personas, pero sólo afecta a los gatos y no se puede transmitir a los humanos. El virus es frágil y muere rápidamente afuera del cuerpo, así que no se puede transmitir en forma indirecta. Se transmite principalmente por heridas de mordeduras, así que es más común en los gatos que en las gatas y, en especial, en gatos callejeros que pelean regularmente. Al igual que el virus de leucemia felina, el virus ataca el sistema inmunológico.

• **Síntomas:** son similares a los del virus de leucemia felina (pág. 94). Este virus está particularmente asociado con la gingivitis crónica (ver página 108). Muchos gatos positivos pueden permanecer saludables durante años antes de que aparezcan las infecciones secundarias.

Tratamiento: a cualquier gato que sufra de infecciones recurrentes se le debería practicar un análisis de sangre para comprobar si tiene virus de inmunodeficiencia felina. No existe ninguna vacuna ni tampoco cura; el tratamiento es puramente de sostén. El aceite de vellorita tiene efectos beneficiosos. Un gato infectado, el cual es agresivo, es una seria amenaza para los gatos saludables y se debe aislar. A todos los gatos nuevos que se introduzcan en la casa se les debe practicar un análisis específico primero.

Anemia infecciosa felina

Esta enfermedad es provocada por un parásito infeccioso en la sangre que daña los glóbulos rojos del gato y que le provoca una anemia severa. Se cree que se transmite por los insectos que succionan sangre, como las pulgas, garrapatas y mosquitos.
• **Síntomas:** estos incluyen letargo, pérdida de peso y encías pálidas.

Tratamiento: aun análisis de sangre confirmará la anemia infecciosa felina. El tratamiento incluye antibióticos, suplementos de hierro y en los casos severos, transfusiones de sangre.

Hipertiroidismo

Ésta es una condición común en los gatos viejos, debida a una glándula tiroides excesivamente activa. El hipertiroidismo somete a un esfuerzo excesivo al corazón y los riñones, lo cual, eventualmente, puede ser mortal.
• **Síntomas:** al principio son muy sutiles, pero con el tiempo notará

un aumento en el apetito y la sed, hiperactividad, pérdida de peso, latidos del corazón acelerados y pelaje opaco.

Tratamiento: el diagnóstico se realiza a través de un análisis de sangre o palpando la glándula tiroides agrandada en el cogote. La glándula se puede reducir de tamaño mediante cirugía, pero la condición puede volver a presentarse en pocos años. Si el gato es muy viejo o está muy débil para enfrentar una operación, se le pueden administrar drogas para reducir la producción de hormona tiroidea. Algunos centros veterinarios especializados pueden combatir la condición utilizando inyecciones de yodo radioactivo para destruir el tejido tiroideo anormal. Algunos gatos responden bien a los tratamientos homeopáticos.

PROBLEMAS DIGESTIVOS Y ABDOMINALES

Vómitos

Los gatos vomitan a menudo, generalmente para liberarse de bolas de pelo. Si el vómito es frecuente y acompañado de otros signos, como diarrea, pérdida de apetito y letargo, esto puede ser síntoma de un problema más serio. Consulte a un veterinario de inmediato. Los gatos que

Derecha: *para combatir la deshidratación, dele mucha agua, pero no leche.*

CAPÍTULO
CINCO

comen demasiado rápido regurgitan la comida poco después de haberla ingerido. La regurgitación persistente puede indicar una enfermedad o bloqueo del esófago y merece una consulta veterinaria.

Tratamiento: retenga la comida y estimule a su gato para que beba agua y no se deshidrate. No le dé leche. Una vez que los vómitos hayan cedido, aliméntelo con una dieta blanda de carne blanca o pescado, mezclado con un poquito de arroz, durante las siguientes veinticuatro horas.

Diarrea

La diarrea moderada se puede deber a alimentos inadecuados, un cambio abrupto en la dieta, una infección bacteriana, parásitos o alergia a la leche de vaca. Los casos severos pueden deberse al envenenamiento del alimento, enteritis felina o enfermedad del hígado y puede conducir a la deshidratación. Si la diarrea es persistente, contiene sangre o está acompañada de vómitos, consulte a su veterinario. La diarrea en los gatitos se debe a parásitos, alimentación inadecuada, alimentación incorrecta o a un parásito microscópico llamado Giardia.

Tratamiento: mantenga al gato sin comer durante unas pocas horas para que el estómago descanse, luego introduzca pequeñas cantidades de pollo o pescado cocinado. Suministre gran cantidad de agua, pero no leche. Los parásitos se deben tratar con preparaciones veterinarias y la Giardia con drogas antiprotozoarias.

Constipación

Este estado se debe a un bloqueo de bolas de pelo en el intestino. En algunas ocasiones, los gatos mayores inactivos pueden sufrir de constipación debido a la pérdida del tono muscular del intestino.

• **Síntomas:** el gato parece letárgico y se esforzará por realizar una deposición. Es importante diferenciar entre el esfuerzo provocado por la constipación y el esfuerzo debido a una obstrucción urinaria, que es una condición muy seria.

Tratamiento: administre parafina líquida. Si los síntomas persisten, consulte con el veterinario.

Bola de pelo

Es una acumulación de pelo en el estómago como resultado del lamido constante del pelaje cuando el gato se acicala. Normalmente, el gato come pasto y vomita la bola de pelo. Si es demasiado grande puede formar un bloqueo en el intestino, provocando vómitos recurrentes y problemas digestivos. Un gato con bolas de pelo realizará varias visitas al recipiente de comida, pero ingerirá pequeñas cantidades en cada oportunidad.

Arriba: *cuando come pasto, tal vez está tratando de remover bolas de pelo de su estómago.*

Tratamiento: aliméntelo con un pescado oleoso, como las sardinas o caballa, una vez por semana para facilitar el pasaje de las bolas de pelo. Existen remedios para las bolas de pelo con sabor a malta que les resultan atractivos a los gatos. Otro remedio es el aceite de oliva o la parafina líquida: adminístrele una cucharadita diaria durante tres días. El acicalamiento regular ayuda a prevenir las bolas de pelo.

Parásitos

Los parásitos intestinales más comunes son la lombriz intestinal y la tenia. No succionan sangre, pero consumen alimento semidigerido del estómago y los intestinos. Los gatos que cazan y los que tienen pulgas tienen mayores probabilidades de contraer parásitos.

Lombriz intestinal

Las lombrices intestinales adultas son finas y se parecen a los lombrices blancas de jardín. Sus huevos pasan a las heces y luego éstas, son comidas por los roedores, los pájaros o los insectos. Si un gato come uno de estos huéspedes intermediarios, los huevos se desarrollan en el intestino y se completa el ciclo. Los gatitos también se pueden infectar en la panza de la madre o por medio de la leche. Los adultos rara vez muestran signos de infección.

• **Síntomas**: pelaje opaco, tos, vómitos, diarrea y una apariencia "panzuda" provocada por la acumulación de parásitos y gases.

Tratamiento: a los gatitos de seis meses en adelante se los debe desparasitar regularmente contra las lombrices intestinales.

Tenias

Las tenias se encuentran más a menudo en los gatos adultos. La cabeza de la tenia se adhiere a la pared del intestino. El cuerpo largo y aplanado consiste en segmentos llenos de huevos, se desprenden y pasan a las heces. Luego los segmentos liberan sus huevos al medio ambiente. Las tenias no se diseminan directamente de gato a gato sino a través de un huésped intermedio.

El huésped para una especie de tenia es la pulga del gato y para otra son los roedores o pájaros pequeños. Si un gato come una presa infectada o se traga una pulga infectada durante su acicalamiento, las larvas del parásito anidan en el intestino, donde se desarrollan y el ciclo vuelve a comenzar.

Derecha: *los gatos vagabundos, en especial aquellos que cazan, tienen más probabilidades de infectarse con parásitos.*

• **Síntomas**: los gatos pueden tener tenias sin mostrar ningún síntoma, pero una gran infección puede provocar pérdida de peso y desmejoramiento general, malestares digestivos e irritación anal. Los segmentos, que tienen el aspecto de pequeños granos de arroz, se adhieren al pelaje de alrededor del ano o en los excrementos.

Tratamiento: la infección se puede evitar desparasitando a su gato regularmente y manteniéndolo sin pulgas (ver página 111).

Otros tipos de parásitos

Los siguientes parásitos internos son menos comunes:

• **Parásitos del pulmón**: no son comunes y el gato puede no manifestar síntomas, aparte de toser para expulsar los parásitos.

• **Parásitos látigo**: estos parásitos diminutos, delgados y que succionan sangre viven en el intestino grueso del gato.

• **Ascárides**: viven en el intestino delgado, donde horadan el intestino y pueden provocar hemorragias.

• **Anquilóstomos**: parásitos que succionan sangre y son comunes en Australia y Estados Unidos. Viven en el intestino delgado.

• **Parásitos corazón**: sólo se encuentran en países cálidos, húmedos y se transmiten por los mosquitos. Pueden bloquear la circulación, provocando la muerte súbita o problemas circulatorios.

CAPÍTULO
CINCO

Toxoplasmosis

Es una enfermedad que produce mucha preocupación, gracias a los comentarios sobre su relación con los gatos y su efecto en las mujeres embarazadas. Los gatos contraen el parásito intestinal, *Toxoplasma gondii*, al comer una presa infectada o carne cruda, pero rara vez muestran signos de enfermedad. De manera similar, la mayoría de los humanos contrajeron toxoplasmosis en algún momento, manipulando carne cruda o comiendo carne poco cocinada, con un solo síntoma: una gripe suave.

El problema surge si una mujer embarazada contrae la enfermedad ya que existe un pequeño riesgo de defecto en el nacimiento del bebé. La razón por la cual los gatos tienen mala prensa es que los huevos del parásitos se encuentran en las heces y así, en teoría, los humanos se pueden contaminar al manipular heces de gato contaminadas.

Sin embargo, el riesgo es extremadamente pequeño porque ¿quién en su sano juicio va a manipular heces de gato y luego se va a llevar las manos a la boca? La infección es mucho más probable si manipula o come carne infectada o verduras cubiertas de tierra.

No obstante, para estar seguros, las mujeres embarazadas deberían utilizar guantes cuando trabajan en el jardín y cuando limpian la bandeja de desechos del gato, evitar comer carne poco cocinada y lavarse siempre las manos después de manipular carne cruda.

Peritonitis infecciosa felina

Esta enfermedad insidiosa, es provocada por un coronavirus felino. Ataca principalmente a los gatos menores de tres años; generalmente los gatos mayores tienen una inmunidad natural. La Peritonitis infecciosa felina se transmite por las heces infectadas y por la saliva, y el riesgo es mayor en grupos grandes de gatos que comparten los recipientes de comida y las bandejas de desechos. Un gato puede ser infectado por otro que sea un portador saludable del virus. Un análisis de sangre no detectará el virus, pero sí detectará el nivel de anticuerpos al coronavirus en la sangre. Mientras que en la mayoría de las enfermedades contar con un elevado nivel de anticuerpos es beneficioso, con el coronavirus sucede lo opuesto y un elevado nivel de anticuerpos es preocupante. La buena noticia es que el noventa por ciento de los gatos con anticuerpos coronavirus no desarrollan Peritonitis infecciosa felina. La mala noticia es que la mayoría de los gatos que desarrollan Peritonitis infecciosa felina mueren a las pocas semanas.

• **Síntomas**: la Peritonitis infecciosa felina es difícil de diagnosticar ya que los primeros síntomas (fiebre, letargo, pérdida de peso y poco apetito) son típicos de muchas otras enfermedades felinas. Con el correr de los días, semanas o meses, el gato desarrollará una de las dos variantes de la Peritonitis infecciosa felina: en la forma "mojada" el líquido se acumula en el abdomen, el cual aparece groseramente distendido. El líquido también se puede formar en el pecho del gato, provocándole dificultades para respirar. La forma "seca" puede afectar el sistema nervioso, provocando ataques, pérdida del equilibrio, parálisis o incontinencia urinaria. Otra señal es el sangrado en la parte delantera del ojo.

Tratamiento: actualmente no existe ninguna vacuna ni tampoco ningún tratamiento efectivo (aunque se dice que la homeopatía es efectiva para aliviar los síntomas). Un gato infectado debe ser aislado de otros gatos. El virus muere afuera del cuerpo del felino a las 48 horas, y se destruye con desinfectantes.

Enteritis infecciosa felina

Conocida como panleucopenia felina, es una infección viral seria de los intestinos, que afecta principalmente a los gatitos y a los gatos jóvenes. El virus es altamente contagioso y se disemina por el contacto directo o indirecto con un gato infectado. Es repentina en su aparición y los gatitos jóvenes pueden morir antes de realizar un diagnóstico.

• **Síntomas**: son variados, pero incluyen fiebre, pérdida del apetito, vómitos (generalmente un líquido amarillo brillante) y una diarrea profusa. El gato se sienta encorvado sobre el recipiente de agua, pero no bebe.

CAPÍTULO
CINCO

Puede gritar debido al dolor abdominal. Los gatitos infectados en la panza de la madre sufren daños cerebrales y desarrollan una marcha tambaleante.

Tratamiento: consulte de inmediato a su veterinario; el gato se puede recuperar si se lo trata rápidamente. Manténgalo alejado de otras mascotas. Este virus es muy resistente y puede permenecer en el ambiente durante más de un año, así que pregúntele a su veterinario cómo desinfectar su casa. Descarte las visitas a las casas de otros dueños de gatos o las visitas de ellos ya que el virus se puede llevar en la ropa o el calzado. Afortunadamente existe una efectiva vacuna contra esta enfermedad.

Diabetes

Ésta es una condición provocada por la inadecuada producción de insulina por parte del páncreas. Existen dos tipos de diabetes que afectan a los gatos.

• **Diabetes mellitus**: afecta a los gatos mayores, y los gatos obesos corren el doble del riesgo normal. Los síntomas son beber y orinar en exceso, letargo y aumento de apetito. Otro signo revelador es un olor a "pera madura" en el aliento. También puden aparecer cataratas.

• **Diabetes no insulino dependiente**: los gatos que tienen sobrepeso pueden desarrollar este tipo de diabetes llamada diabetes no insulino dependiente. En este caso, el cuerpo no puede responder a su propia insulina debido a la tensión de llevar exceso de peso.

Tratamiento: Un análisis de sangre u orina confirmará el diagnóstico. Los gatos diabéticos requieren un tratamiento de por vida con inyecciones de insulina para controlar sus niveles de glucosa en sangre. Si se trata el problema subyacente de peso con una terapia alimenticia, la cantidad de insulina requerida es menor. En el caso de la diabetes no insulino dependiente, si es peso del gato se normaliza no necesitará más inyecciones.

PROBLEMAS EN LOS OJOS Y LAS OREJAS

Conjuntivitis

Ésta es una inflamación de las membranas de los ojos, que provoca que se hinchen y se enrojezcan con una secreción acuosa o mucosa. Si ambos ojos están infectados, puede ser un síntoma de gripe del gato, una infección bacteriana, como la clamidea o una alergia. Si un solo ojo está afectado, se puede deber a la herida de una pelea o a un objeto como una semilla de pasto en el ojo. El lagrimeo o la secreción de los ojos también se puede deber a una condición llamada entropión.

Tratamiento: limpie suavemente los ojos con agua tibia hervida. El veterinario tratará la causa y le prescribirá gotas oculares.

Entropión

Una condición rara en la cual el párpado se "invierte" y la córnea está constantemente irritada por las pestañas.
• **Síntomas**: excesiva producción de lágrimas y secreción.

Tratamiento: se requiere una corrección quirúrgica del párpado.

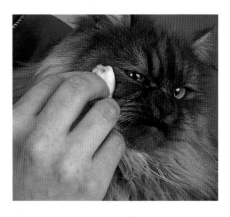

Derecha: *a menudo una superproducción de lágrimas se produce por un bloqueo de los conductos lacrimales, es bastante común en los gatos Persas debido a que tienen los conductos lacrimales angostos y la nariz corta. Limpie los ojos con agua tibia.*

CAPÍTULO
CINCO

El tercer párpado

El gato es poco común ya que tiene un tercer párpado (la membrana nictitante) en el ángulo interno de cada ojo. Los terceros párpados no son visibles en un gato saludable, pero cuando sobresalen y parecen cortinas blancas parcialmente corridas sobre el ojo, esto indica un problema de salud, como gripe del gato o una infección con parásitos.

A menudo, se debe a una infección con un retrovirus inofensivo que afecta los nervios que controlan la membrana nictitante. El gato puede desarrollar una diarrea, pero de otro modo permanece saludable. Eventualmente los ojos vuelven a estar normales, aunque esto puede tardar varias semanas.

Cataratas

Una condición que a veces se ve en gatos adultos o diabéticos.
• **Síntomas**: el cristalino del ojo se ve nublado y opaco, y el gato tiene una visión parcial o la pérdida completa de la misma.

Tratamiento: si ambos ojos están afectados se requiere cirugía.

Glaucoma

El glaucoma, común en los gatos mayores, se produce cuando hay un aumento de presión en el globo ocular, provocada por inflamación, sangrado interno o un tumor.
• **Síntomas**: el ojo se ve agrandado y nublado.

Tratamiento: es una enfermedad seria y dolorosa que requiere tratamiento veterinario urgente.

Ácaros de las orejas

Los diminutos ácaros están presentes en la mayoría de las orejas de los gatos, particularmente en la de los gatitos.

• **Síntomas**: una severa infección provoca una intensa irritación y una excesiva producción de cera marrón oscura. Esto provoca que el gato se rasque o sacuda la cabeza en forma persistente ocasionando inflamación y posiblemente un hematoma (ver abajo).

Tratamiento: su veterinario limpiará las orejas y le prescribirá gotas. Éstas matan a los ácaros adultos, pero no a sus huevos, por lo tanto las gotas se deberán utilizar durante veintiún días para erradicar el problema. Los ácaros de las orejas son muy contagiosos, así que trate a todos los gatos y los perros de la casa.

Hematoma

Las peleas o el rascarse con persistencia debido a los ácaros de las orejas puede romper los vasos sanguíneos del pabellón de la oreja.

• **Síntomas**: una ampolla de sangre grande o un hematoma. Si no se trata, el líquido se absorbe en el pabellón de la oreja y provoca una ondulación permanente de la oreja.

Tratamiento: consulte a su veterinario, quien hará drenar el líquido. Controle los ácaros de las orejas y trátelos también.

Advertencia

Por ningún motivo debe hurgar las orejas de su gato con pinzas o hisopos ya que puede provocar un daño serio y doloroso.

CAPÍTULO
CINCO

PROBLEMAS DE LA BOCA

Gingivitis

Es provocada por la formación de tártaro en los dientes, inflama, lastima y desplaza las encías hacia atrás.

• **Síntomas**: a menudo el primer signo es una línea roja oscura a lo largo del borde de la encía. Luego las encías se ponen esponjosas, rojas y lastimadas. Otros signos son el babeo, mal aliento y la dificultad para comer. Asociada con otros síntomas, la gingivitis crónica puede significar un problema en los riñones o enfermedades como la diabetes, virus de leucemia felina y virus de inmunodeficiencia felina.

Tratamiento: consulte al veterinario, quien determinará la causa y removerá el tártaro con anestesia. Vea la pág. 70 para obtener información sobre las rutinas del cuidado dental de su gato.

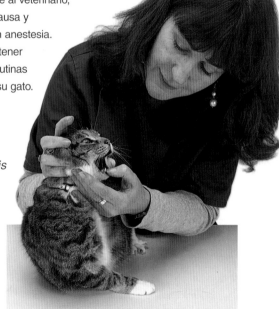

Derecha: *la gingivitis puede ser una condición dolorosa y debilitante en los gatos. Existen varias causas de esta condición, incluyendo una infección viral y una alergia a la placa de los dientes.*

Úlceras

Las zonas rojas, ulceradas en la lengua de un gato, son un síntoma de la gripe felina. Las úlceras en las encías pueden indicar una enfermedad en los riñones. Una úlcera abierta en el labio superior es una "úlcera del roedor", cuya causa es desconocida. La úlcera se agrandará y profundizará si no se la trata, aunque la condición no es maligna.

Tratamiento: si se la toma a tiempo, utilizando drogas y quizá criocirugía (tratamiento frío profundo), el veterinario podrá evitar que la úlcera se expanda por el rostro.

PROBLEMAS RESPIRATORIOS

Enfermedad respiratoria felina ("gripe del gato")

La mayoría de los casos son provocados por uno o dos virus: rinotraqueitis viral felina y calcivirus felino.

Son contagiosas y se pueden esparcir respirando gotitas infectadas o a través de recipientes de alimentos o bandejas de desechos compartidos. La rinotraqueitis viral felina es la enfermedad más seria, con síntomas que incluyen apatía, fiebre, inapetencia, estornudos, dificultades para respirar y una gran secreción de los ojos y la nariz. Puede haber dolorosas úlceras en la boca que provocan una excesiva salivación y dificultades para comer. Aun recuperados, pueden albergar el virus hasta once meses después. Otros quedan con una rinitis recurrente. Los síntomas del calcivirus son similares, pero más moderados.

• Otra causa de problemas respiratorios es la clamidea, una infección provocada por un organismo, que es un híbrido de un virus y una

CAPÍTULO
CINCO

bacteria. Produce síntomas moderados, como la conjuntivitis y la secreción nasal.

Tratamiento: la gripe del gato puede ser fatal, en especial en los gatitos; así que lleve a su gato a un veterinario tan pronto como aparezcan los síntomas. Le prescribirá antibióticos y un descongestivo nasal. Aísle al gato de otras mascotas y advierta a otros dueños de gatos para que se mantengan alejados hasta que la infección desaparezca por completo. Es esencial un buen cuidado en casa. Mantenga los ojos y la nariz limpios lavándolos con agua tibia con un poco de sal. Observe cuidadosamente la respiración del gato; si tiene dificultades, busque la ayuda de un veterinario. Existen vacunas para proteger contra la gripe del gato y la clamidea.

Asma

Como en los humanos, el asma en el gato es provocada por una reacción alérgica a sustancias inhaladas: el polen y el polvo de la casa, heces con ácaros.
* **Síntomas**: resuello y tos.

Tratamiento: su veterinario le prescribirá drogas antiinflamatorias esteroides para su gato.

Parásito del pulmón

Este diminuto parásito se puede encontrar en los pulmones de los gatos de las zonas rurales. No es común y generalmente la infección pasa inadvertida.

Tratamiento: el gato puede toser y expulsar los parásitos, de otro modo un veterinario puede prescribir un remedio específico.

PROBLEMAS DE LA PIEL Y EL PELAJE

| Pulgas

No sólo los gatos disfrutan de los beneficios de la vida moderna, sus pulgas también prosperan en nuestros hogares alfombrados y con calefacción central. La mayoría de los gatos tiene problemas con las pulgas en algún momento de sus vidas; se las contagian de otros gatos, de perros e incluso del jardín.

* **Síntomas**: el síntoma más obvio es el persistente rascado. Las pulgas son color marrón oscuro y de 1-2 mm de largo; las puede encontrar en el pelaje cuando lo cepilla y también diminutas manchas blancas de suciedad de las pulgas. La estación más álgida es a fines del verano, cuando la humedad y las elevadas temperaturas les permiten reproducirse rápidamente.

Las pulgas esparcen la enfermedad

Las pulgas no son sólo una incomodidad que pica, también pueden provocar problemas de salud. En los gatitos jóvenes, una infección importante puede provocar anemia, la cual potencialmente amenaza la vida. Las pulgas actúan como huéspedes intermediarios de ciertas tenias y se cree que son portadoras de la anemia infecciosa felina. Algunos gatos son sensibles a la saliva de las pulgas cuando los muerden y desarrollan una dermatitis alérgica, una reacción costrosa y que les pica, provocándoles un gran malestar. ¡A veces, las pulgas también muerden a la gente!

CAPÍTULO
CINCO

Tratamiento de la infestación de pulgas

Las pulgas adultas pueden vivir entre siete y catorce días y permanecer siempre en su mascota, alimentándose y reproduciéndose. Las hembras ponen muchos huevos por día, los cuales caen al suelo. De los huevos salen diminutas larvas que viven en alfombras y tapicería. Allí se convierten en crisálidas, las que pueden permanecer en estado latente durante varios meses esperando la llegada de un huésped adecuado. Cuando sienten tibieza y vibración, las pulgas adultas emergen y saltan a un gato (o perro) y recomienza el ciclo.

Por cada pulga que vive en su gato puede haber noventa y nueve pulgas desarrolladas acechando en su hogar, por lo tanto es importante tratar el medio ambiente al igual que el gato (y cualquier perro que habite la casa). En el pasado, los productos para controlar las pulgas eran sucios, olorosos, difíciles de utilizar y a menudo tóxicos, pero los productos modernos son más seguros y efectivos, ya que no sólo matan a las pulgas adultas sino que también previenen el desarrollo de los huevos y las larvas, previniendo la reinfestación.

Tratamiento del gato: se pueden conseguir varios tipos de preparaciones antipulgas.

Suspensiones orales: muy efectivas y seguras, se pueden administrar a gatitos destetados y hembras preñadas. Una dosis líquida que contiene un inhibidor del crecimiento del insecto se administra por boca una vez por mes (también su veterinario puede administrar una inyección que tiene una duración de seis meses). Cuando una pulga muerde al gato, ingiere el componente y es esterilizada deteniendo su ciclo vital. Este método no matará las pulgas existentes, así que deberá utilizar un insecticida tópico antes de comenzar el tratamiento.

- **Pipetas**: son muy fáciles de usar. Una pequeña pipeta de líquido se aplica sobre la piel en la parte

Izquierda: *las preparaciones orales se pueden administrar con la comida de su gato.*

trasera del cogote del gato una vez por mes. Se esparce por la superficie del cuerpo, matando las pulgas antes de que puedan poner nuevos huevos. El compuesto de no-organofosfato es seguro para usted y para su gato.

• **Aerosoles**: a la mayoría de los gatos no les gusta el ruido que hacen, aunque los pulverizadores son más silenciosos. Algunos son a base de alcohol, así que mantenga a su gato alejado de fuentes de calor, como fuegos y hornos calientes, hasta que el pelaje esté seco.

• **Collares para pulgas**: estos liberan insecticida durante varios meses. Sin embargo, no son tan populares ya que el gato está constantemente en contacto con el insecticida. Asegúrese de que el collar sea elastizado y observe la parte de abajo para controlar cualquier signo de inflamación en la piel.

• **Polvos**: están perdiendo popularidad ya que son sucios y son menos efectivos que los tratamientos más modernos.

Tratamiento del hogar: una

aspiración regular removerá la mayoría de los huevos y las pulgas inmaduras de las alfombras y la tapicería. Para una protección total hay pulverizadores de ambiente que matan las pulgas que emergen algunos también contienen un regulador del crecimiento del insecto que previene que los huevos incuben.

Uso seguro de pesticidas

Los gatos son susceptibles a los efectos tóxicos de los insecticidas debido a sus hábitos de acicalamiento.

• Siga siempre cuidadosamente las instrucciones del fabricante cuando realice cualquier tratamiento antipulgas.

• Verifique que el producto sea seguro para utilizar en gatitos.

• Sólo se debe utilizar un tipo de insecticida en un gato en cualquier momento. Por ejemplo, no utilice un collar para pulgas y un pulverizador para pulgas.

• Nunca use un pulverizador para ambientes o uno para perros en su gato ya que podría envenenarlo.

• Evite pulverizar a su gato mientras lo desparasita ya que los dos tratamientos pueden resultar tóxicos, tampoco lo haga durante unos días después de que haya recibido anestesia general.

• Cubra las peceras y retire las jaulas con pájaros, los recipientes con comida y agua cuando pulverice la habitación contra las pulgas.

• Mantenga a los niños alejados de los animales tratados hasta que el pelaje esté seco.

• Consulte de inmediato con su veterinario si su gato muestra una mala reacción al producto contra las pulgas, como convulsiones o un exceso de salivación.

CAPÍTULO
CINCO

Garrapatas

En las zonas rurales en particular, los gatos pueden contraer garrapatas cuando caminan entre el pasto largo. La garrapata entierra la cabeza profundamente en la piel del gato, donde se alimenta de sangre.

• **Síntomas**: una garrapata que ha comido se parece a un grano gris azulado y, como no se mueve, a menudo la confunden con un tumor o un quiste. Una infestación seria puede provocar anemia. En Australia, ciertas garrapatas segregan una toxina que provoca parálisis.

Tratamiento: no trate de arrancar una garrapata ya que la cabeza puede quedar pegada, provocando un absceso. Un remedio simple consiste en cubrirla con ungüento petrolado y dejarla. La garrapata morirá sofocada y se caerá, con las partes de la boca intactas, en veinticuatro horas. También aplique con pulverizador para pulgas.

Ácaros

Estos diminutos parásitos de la piel provocan picazón y pérdida de pelo.

• **Ácaros del pelaje (también conocidos como "caspa caminante"):** son muy contagiosos y parecen caspa en el lomo del gato.

• **Ácaros de la cosecha o "nigua":** se ven en otoño como puntos rojos entre los dedos de las patas o en los pliegues de las orejas.

Tratamiento: aplique al gato un pulverizador para pulgas.

Piojos

Son menos comunes que las pulgas; afectan a los gatos rurales. *
Síntomas: el piojo es un insecto del tamaño de la cabeza de un alfiler, gris claro y con movimientos lentos.

Derecha: *cuando utilice pulverizadores para pulgas, sostenga al gato a una distancia segura y pulverice a contrapelo y lejos de la cara. Los manuales son menos atemorizantes para su gato que los aerosoles.*

También podrá ver los huevos transparentes, que están firmemente pegados en los pelos del gato.

Tratamiento: los pulverizadores para pulgas matan los piojos adultos, pero no los huevos. Pulverice al gato una vez por semana durante tres semanas para matar los piojos jóvenes mientras incuban. Como los huevos permanecen en el gato, no es necesario pulverizar toda la casa como con una infestación de pulgas.

Dermatitis alérgica

Es una inflamación de la piel, a menudo provocada por la sensibilidad a la saliva de la pulga (ver página 111). Algunos gatos desarrollan reacciones alérgicas a una simple mordida.
• **Síntomas**: un signo es el excesivo acicalamiento y pueden aparecer pequeñas costras, especialmente en el lomo.

Tratamiento: el aceite de vellorita puede ayudar a reducir la sensibilidad de la piel, pero en los casos severos se deben prescribir corticosteroides. Un suplemento alimenticio, llamado spirulina, que se puede comprar en los comercios para mascotas, es eficaz en el tratamiento de problemas de la piel.

Abscesos

Los gatos tienen muchas bacterias en los dientes y ésta es la razón por la cual una mordida de otro gato puede provocar un absceso. La herida de los filosos dientes caninos es profunda, pero la abertura de la superficie es muy pequeña y se cierra rápidamente, dejando la infección atrapada en la profundidad de la herida. Se produce una hinchazón caliente y dolorosa, y el gato se vuelve indiferente, deja la comida e incluso puede tener alta temperatura. Las zonas comunes son alrededor del cuello y la base de la cola. Si hay una hinchazón en un costado de la cara, puede indicar un absceso en un diente.

Tratamiento: no trate de abrir el absceso, humedézcalo con frecuencia con agua caliente, con un poco de sal. Esto formará una cúspide en el absceso, que luego de veinticuatro horas se abrirá y soltará pus verde manchado de sangre. Una vez que esto suceda, su gato se sentirá más cómodo. Continúe humedeciendo y apretando suavemente para drenar todo el pus y para evitar que el absceso se vuelva a formar. Si no se abre en veinticuatro horas, consulte con su veterinario, quien abrirá y drenará el absceso y prescribirá una serie de antibióticos para eliminar la infección. Un absceso que no se trata puede conducir al envenenamiento de la sangre.

Tiña

Es una infección micótica altamente contagiosa, que se puede contagiar de un gato, una rata o un ratón infectado o de algún objeto que albergue las esporas. El hongo invade la superficie de la piel y debilita el cuerpo del pelo, provocando que se quiebre.

• **Síntomas:** los signos de la tiña varían, pero los clásicos son pequeños parches redondos, sin pelo, generalmente en la cabeza orejas, patas delanteras o garras.

La tiña y los humanos

La tiña se transmite a los humanos. Aunque a los adultos saludables no les afecta, los niños, los ancianos y los jóvenes con un sistema inmunológico bajo son vulnerables. Consulte con su médico si aparece algún parche circular rojo sobre la piel, en especial en las manos o los brazos.

A veces el único signo son algunos pelos quebrados y algunos gatos tienen tiña sin mostrar ningún síntoma.

Tratamiento: el diagnóstico se puede confirmar utilizando una luz ultravioleta y posiblemente pruebas en el microscopio y de cultivo. Se requerirá una prolongada administración de Griseofulvin, una droga antimicótica. Un gato infectado debe ser aislado de otros gatos, como así también de perros y niños, hasta que se complete el tratamiento. Siempre lávese bien las manos después de manipular al gato. Las esporas micóticas permanecen infectando la casa durante mucho tiempo. Consulte con su veterinario sobre cómo combatir la infección.

Moscardas

Los gatos viejos, lastimados y enfermos son vulnerables a las moscardas en verano. Las moscardas ponen sus huevos sobre una herida infectada o sobre el pelo sucio. Cuando las cresas incuban, se alimentan de la carne del gato y liberan una toxina en el torrente sanguíneo que puede ser mortal.

Tratamiento: es una condición seria. concurra con el gato al veterinario quien sacará las moscardas (no es un trabajo para los remilgados), limpiará la herida y prescribirá antibióticos.

CAPÍTULO
CINCO

DESÓRDENES DEL TRACTO URINARIO

▌ Enfermedad del riñón

Muchos gatos viejos sufren de problemas en los riñones. Cuando el tejido normal del riñón es reemplazado por tejido con cicatrices, los riñones tienen menor eficiencia para filtrar los productos de desecho de la sangre. La enfermedad avanza lentamente.

• **Síntomas:** pelaje opaco, aumento de la sed, pérdida de peso gradual y micción más frecuente. En casos avanzados hay letargo, falta de apetito, vómitos, úlceras en la boca y olor a amoníaco en el aliento.

Tratamiento: el diagnóstico se realiza mediante análisis de sangre. Su veterinario le sugerirá una dieta con niveles moderadamente restringidos en proteínas de fácil digestión y bajos niveles de fósforo y sodio, para reducir el esfuerzo de los riñones. Se pueden administrar esteroides para aumentar el apetito. El agua debe estar todo el día a disposición para satisfacer la sed incrementada y estimular el funcionamiento de los riñones. Con una detección temprana y un manejo cuidadoso, el progreso de la enfermedad se puede retardar y su gato puede vivir feliz durante varios años más.

▌ Enfermedad del tracto urinario felino inferior

Esta enfermedad es provocada por la formación de cristales (depósitos minerales) en el sistema urinario del gato. Es una condición potencialmente seria ya que la acumulación de cristales puede bloquear por completo la uretra (el tubo que lleva la orina desde la vejiga al exterior) y el gato no puede orinar. Es más común en los machos ya que tienen una uretra más fina que las hembras.

• **Síntomas**: al gato le cuesta despedir pequeñas gotas de orina, las cuales pueden contener sangre. Puede gritar de dolor y se lame con persistencia la parte trasera. Es importante no confundir estos síntomas con constipación ya que la obstrucción de la uretra es una condición con riesgo de vida y necesita un tratamiento urgente. Cuando la orina no puede pasar, la vejiga llena muy pronto su capacidad y se puede romper liberando el contenido a la cavidad abdominal y el gato puede morir de un shock o de peritonitis.

Tratamiento: existen dos clases de cristales urinarios: los que contienen magnesio hidratado, que se forman cuando la orina del gato es demasiado alcalina; y los que contienen oxalato de calcio, que se forman cuando la orina es demasiado ácida. Es importante descubrir qué tipo tiene su gato ya que los tratamientos para cada uno son muy diferentes. Se puede controlar con dietas prescriptas por un veterinario diseñadas para producir una orina con el nivel de pH correcto. La causa subyacente no está completamente determinada, pero existen factores significativos como la falta de agua, demasiado magnesio en la dieta obesidad, falta de ejercicio y tensión. Trate de mantener a su gato delgado e incentívelo para que consuma gran cantidad de agua para llenar la vejiga. Evite los alimentos ricos en magnesio, como el cerdo, carne vacuna y los pescados oleosos.

Cistitis

La cistitis o inflamación de la vejiga es provocada por una infección bacteriana. También está asociada con la enfermedad del tracto urinario felino inferior (ver arriba) y los síntomas son similares. La cistitis afecta a ambos sexos, pero es más común en las hembras, en especial las carey.

Tratamiento: consulte con un veterinario lo antes posible. Se necesitarán tratamientos con antibióticos para eliminar la bacteria.

CAPÍTULO
CINCO

Cuidar a un gato enfermo

Cuando un gato está enfermo o se está recuperando de una operación, un buen cuidado puede influir en su recuperación y será muy gratificante para usted. Lo que más necesita un gato enfermo es soledad y paz.

• Permanezca junto a él, pero instruya a los niños para que no estén continuamente sobre él.

• Búsquele un rincón tranquilo en una habitación cálida y aireada, y prepárele una cama limpia y acogedora.

• Coloque la comida y el agua cerca de su cama, y la bandeja de desechos un poco más alejada.

• Si está muy enfermo y no se puede dar vuelta solo, hágalo usted suavemente una vez cada dos horas para evitar que se acumulen líquidos en sus pulmones.

• Consulte con su veterinario sobre cualquier cuidado o alimentación especiales.

• Asegúrese de administrar los medicamentos exactamente como le indicó su veterinario y siempre complete el tratamiento, especialmente con los antibióticos; no deje de administrarlos tan pronto como el gato muestre signos de mejoramiento.

• Si su gato se niega a beber se deshidratará, especialmente si vomita o tiene diarrea. Dele una cucharadita de agua fría, hervida, quizá con una gota de glucosa o miel, cada una hora más a menos. Adminístresela lentamente, utilizando un gotero colocado en el costado de la boca, y permita que trague después de algunas gotas.

• Si se niega a comer, tiéntelo con alimentos calientes y nutritivos, como el pollo, el pescado, las sardinas, comida para niños a base de carne o pescado o una comida líquida para inválidos. Un poco de calamento o una golosina con sabor a calamento desmenuzado sobre la comida harán que un gato enfermo coma. Si no come del recipiente, aliméntelo con los dedos.

ADMINISTRAR MEDICACIÓN

Como la mayoría de los dueños sabe, tratar de administrar una medicación a un gato es como luchar con un marrano en el barro. Vuelan los pelos, los dientes y las garras destellan, el cuerpo serpentea o se va hacia atrás y un gato astuto simulará que tragó la pastilla y luego la escupirá cuando usted no esté mirando. Sea firme pero gentil, y trate de permanecer tranquilo para no provocarle a su gato una tensión innecesaria. Colóquelo sobre una mesa y solicite ayuda para contenerlo mientras le administra la medicación.

▌Administrar líquidos

Con un gotero de plástico o una jeringa.
1- Coloque el gotero en un costado de la boca, entre el canino y los dientes traseros.
2- Haga gotear el líquido en la boca. Dele sólo unas pocas gotas por vez y permita que el gato las trague después de cada dosis para evitar que se ahogue.

▌Administrar un comprimido

Su gato tragará más facil un comprimido si lo unta con manteca.
1- Tome la cabeza del gato e inclínela hacia atrás.
2- Baje la mandíbula inferior para abrirle la boca.
3- Deje caer el comprimido bien atrás de la lengua.
4- Cierre rápidamente la boca, manteniendo la cabeza inclinada y haga cosquillas en la garganta. Esto hará que el gato trague.

A algunos gatos se los puede engañar para que traguen un comprimido envolviéndolo en un sabroso bocado de pollo, atún o queso crema, pero no triture o rompa un comprimido para mezclarlo con la comida; los gatos pueden detectar el olor y simplemente se negarán a comer. Además, algunas drogas tienen un sabor amargo, el cual provocará que al gato le salga espuma de la boca.

▌Administrar gotas oculares

1- Sostenga la cabeza del gato hacia atrás y deje caer suavemente las gotas en el ángulo interno del ojo. No toque el ojo con el gotero.
2- Cierre los párpados y manténgalos cerrados durante unos segundos para que la gota se esparza por la superficie del ojo.

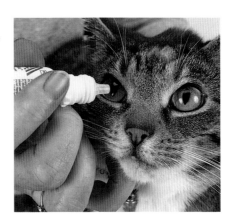

▌Administrar gotas para los oídos

1- Gire la cabeza del gato hacia un lado. Doble hacia atrás el pabellón de la oreja con una mano y coloque las gotas con la otra.
2- Masajee la base del pabellón de la oreja para esparcir bien las gotas en el canal auditivo. Cuando lo suelte, el gato sacudirá vigorosamente la cabeza, así que asegúrese de colocarse bien atrás.

PRIMEROS AUXILIOS

A pesar de sus mejores esfuerzos para evitar que su amada mascota se lastime, los accidentes suceden y es mejor estar preparado para cuando así sea. Es importante permanecer tranquilo, actuar velozmente y llevar a su gato al veterinario tan pronto como sea posible.

Tratar a un gato muy lastimado

Si encuentra un gato que fue atropellado por un automóvil o sufrió una mala caída, lo primero que debe hacer es alejarlo de un daño mayor. Esto se debe hacer con mucho cuidado ya que puede tener huesos rotos o lesiones internas. Por ejemplo, el gato puede tener la vejiga o el diafragma rotos, en este caso los órganos que deberían estar en el abdomen ascienden a la cavidad del pecho.

Preparar una "camilla"
Utilice una alfombra, un abrigo o lo que tenga a mano para preparar una "camilla" y deslice suavemente al gato sobre ella, sosteniendo con cuidado todo el cuerpo. Tenga cuidado y no gire el cuerpo. Sostenga la cabeza un poco más baja que el resto del cuerpo para que el flujo sanguíneo llegue al cerebro y mantenga al gato caliente hasta que llegue al veterinario.

Manejo de un gato lesionado
Si el gato está lesionado, pero consciente, estará asustado, dolorido y quizá se descontrole. Acérquese lentamente y háblele con suavidad para brindarle confianza. Si es posible, utilice guantes para proteger sus manos y evite colocar el rostro cerca del gato. Sosténgalo de la parte trasera del pescuezo mientras lo envuelve en una toalla o una sábana para evitar que forcejee y para mantenerlo caliente. Si es posible, pida a alguien que llame por teléfono para avisar al veterinario sobre su llegada.

CAPÍTULO
CINCO

TÉCNICAS DE SALVAMENTO

Un gato malherido puede requerir ayuda de emergencia para dejar de sangrar, tratar un shock o para que vuelva a respirar. Siga las siguientes instrucciones, luego lleve de inmediato al gato a un veterinario.

▌ Respiración artificial

1- Si un gato dejó de respirar, pero aún le late el corazón, quítele el collar y colóquelo de costado, con la cabeza inclinada hacia abajo para que la sangre le llegue al cerebro.

2- Limpie la sangre o el vómito de la boca.

3- Saque la lengua para que se abra la garganta. Esto estimulará al gato para que respire y vuelva a estar consciente.

4- Si esto no sucede, presione el pecho con la palma de la mano en forma breve e intensa. Esto saca aire de los pulmones, permitiendo que se vuelvan a llenar con aire fresco. Repita cada cinco segundos hasta que el gato comience a respirar.

5- Si no hay signos vitales después de treinta segundos, intente con la respiración boca-nariz: coloque la cabeza del gato hacia atrás, manténgale la boca cerrada y sople en la nariz durante tres segundos para inflar los pulmones. Espere dos segundos y repita.

6- Continúe hasta que el gato comience a respirar.

Nota: no deje a un gato inconsciente apoyado sobre un costado durante más de 10 minutos; hágalo rotar ya que los pulmones se pueden congestionar y tendrá neumonía.

▌ Controlar el sangrado

Si una herida sangra profusamente, aplique una compresa fría con firmeza sobre la herida para detener el flujo sanguíneo. No utilice desinfectantes. Si el sangrado no se detiene en unos minutos, consulte con un veterinario.

Tratar un shock

Cuando un gato entra en shock, se produce una falta de sangre en su sistema circulatorio y puede morir. Los signos del shock son jadeo, respiración rápida y superficial e incapacidad para permanecer de pie. Las pupilas están agrandadas, las orejas y las garras frías y las encías muy pálidas. El gato necesita calor y líquidos. Envuélvalo en una manta o, si no tiene, en papel de diario, papel de aluminio o plástico para conservar el calor corporal. No aplique calor directo, como una bolsa de agua caliente ya que ésta desvía la sangre del cerebro y de los órganos internos hacia la piel. Ofrézcale una bebida caliente.

Envenenamiento

Los signos de envenenamiento dependen de la sustancia ingerida, pero incluyen babeo, vómitos severos y/o diarrea, tambaleo, convulsiones y movimientos anormales de los ojos.

Contacte un veterinario y explíquele qué ingirió el gato, si es que lo sabe. Existen antídotos para algunos venenos; por ejemplo, las inyecciones de vitamina K son un antídoto para la forma más común de veneno para ratas, pero el tratamiento se debe realizar de inmediato. No induzca el vómito, a menos que el veterinario se lo aconseje. Si el gato tiene pintura o aceite en el pelaje, no utilice solventes para limpiarlos ya que estos también son muy tóxicos. Aflójelo con ungüento de petróleo, báñelo con agua tibia y jabonosa y séquelo bien.

Quemaduras y escaldaduras

Si su gato se quema o se escalda, aplique gran cantidad de agua fría durante varios minutos. Esto lo aliviará y puede evitar la pérdida de piel. En los casos severos, trate como si fuera un shock y busque atención veterinaria. Nunca aplique manteca o crema para la piel sobre una quemadura ya que sólo incrementará la inflamación.

CAPÍTULO
CINCO

Ahogamiento

Después de haber sido rescatado del agua, un gato consciente se debe envolver en una toalla y mantener caliente.

1- Si está inconsciente, sosténgalo con la cabeza hacia abajo por las patas traseras, y balancéelo hacia delante y hacia atrás para sacar el agua ingerida de sus pulmones.

2- Colóquelo de costado, con la cabeza más baja que el pecho. Limpie cualquier suciedad de la boca y tire la lengua hacia adelante. Esto estimulará la respiración, pero si no es así, intente con respiración artificial.

Mordidas y pichazos

A su gato le encanta cazar insectos y a menudo estos lo pinchan. Saque el aguijón clavado de una abeja con una pinza o raspando con una tarjeta de crédito, pero no lo apriete ya que liberará más veneno. Las picaduras de abejas y hormigas son ácidas, así que moje la zona con un álcali, como el bicarbonato de sodio disuelto en agua fría. Las picaduras de avispas son alcalinas, así que trátelas con un antídoto ácido, como jugo de limón o vinagre diluido. Una picadura en la boca o la garganta se puede hinchar rápidamente, provocando asfixia, así que lleve el gato de inmediato a un veterinario.

Atragantamiento

El atragantamiento es menos común en los gatos que en los perros, pero una aguja de coser o un hueso de pescado o de pollo se pueden alojar en el paladar o quedar pegados en la garganta. Un gato atragantado entrará en pánico, así que conténgalo envolviéndolo en una toalla. Abra la boca, pero no le incline la cabeza hacia atrás ya que esto podría provocar la caída del objeto en la garganta. Si puede ver el objeto, sáquelo con una pinza roma. No tire de un hilo ya que podría estar atado a un objeto en el estómago. Busque urgente un veterinario.

PRIMEROS AUXILIOS

Electrocución

Corte la corriente eléctrica y saque la lámpara del enchufe antes de tocar a un gato electrocutado, de otro modo usted también podría recibir una descarga eléctrica. Si el gato mordió un cable eléctrico, debe tener la boca y la lengua quemadas. Las quemaduras eléctricas pueden provocar un shock o una interrupción cardíaca. Busque atención veterinaria de inmediato.

Deshidratación

La deshidratación se produce cuando un gato pierde líquidos corporales vitales debido a un golpe de calor, un ataque de vómitos o diarrea, enfermedad del riñón o diabetes. Pellizque la piel suelta de la parte trasera del pescuezo del gato y levántela. Cuando la suelte, debe volver a su lugar rápidamente. Si vuelve lentamente, el gato está deshidratado. Una deshidratación severa requiere atención inmediata ya que puede provocar ataques y su gato puede morir.

Contener a un gato

Una mamá gata lleva a sus gatitos tomándolos de la parte trasera del pescuezo con la boca. Una acción refleja hace que los cuartos delanteros se aflojen, y las patas traseras y la cola se enrosquen y no obstaculicen el camino. A menudo este reflejo persiste en la adultez, lo cual puede resultar útil si tiene que contener a un gato en una emergencia.

1- Tómelo suave pero firmemente de la parte trasera del pescuezo.

2- Parecerá que entra en un trance y se podrá levantar colocando la otra mano debajo de sus cuartos traseros. Nunca levante a un gato sin sostenerle las caderas ya que se le pueden dañar los músculos.